贵州省教育厅高校人文社会科学研究项目（2017zc134）
“文化资本视角下少数民族地区农村教师素质提升研究”成果

文化资本视角下
少数民族地区农村教师素质研究

WENHUA ZIBEN SHIJIAOXIA
SHAOSHUMINZU DIQU
NONGCUN JIAOSHI SUZHI YANJIU

唐　春◎著

四川・成都

图书在版编目(CIP)数据

文化资本视角下少数民族地区农村教师素质研究/唐春著 .—成都:西南财经大学出版社,2020.6
ISBN 978-7-5504-4427-0

Ⅰ.①文… Ⅱ.①唐… Ⅲ.①少数民族—民族地区—农村学校—中小学—教师素质—研究—中国 Ⅳ.①G635.16

中国版本图书馆 CIP 数据核字(2020)第 099253 号

文化资本视角下少数民族地区农村教师素质研究

唐春 著

责任编辑:冯雪
封面设计:墨创文化
责任印制:朱曼丽

出版发行	西南财经大学出版社(四川省成都市光华村街 55 号)
网　　址	http://www.bookcj.com
电子邮件	bookcj@foxmail.com
邮政编码	610074
电　　话	028-87353785
照　　排	四川胜翔数码印务设计有限公司
印　　刷	郫县犀浦印刷厂
成品尺寸	170mm×240mm
印　　张	12.5
字　　数	229 千字
版　　次	2020 年 6 月第 1 版
印　　次	2020 年 6 月第 1 次印刷
书　　号	ISBN 978-7-5504-4427-0
定　　价	78.00 元

前　言

农村教育是中国教育的重要组成部分，是农村振兴的基础，而农村中小学教师是构成农村教育的要素之一，他们肩负着国家文化建设与传播的重任，承担着立德树人的神圣使命，因此，农村中小学教师应该具备过硬的素质。本研究从布尔迪厄文化资本的三种形态来分析教师素质，将教师的素质梳理为三个方面：一是“具体化资本”，主要指在教师身心中根深蒂固的、持久的“性情”，包括教师的专业理念与师德、专业知识、专业能力；二是“客观化资本”，主要体现在教师具有的文化产品（如图片、书籍、工具等）以及教学条件上；三是“体制化资本”，主要体现在教育制度的安排上（如资格认定、荣誉证书、等级证书、科研证书等）。

本研究在阅读大量文献的基础上，以布尔迪厄文化资本为理论依据，结合教育部颁发的《小学教师专业标准（试行）》《中学教师专业标准（试行）》，编制《文化资本视角下少数民族地区农村教师素质调查问卷》，采取了地域分层抽样，选取贵州省部分地区（贵阳、黔西南、安顺、毕节、遵义、六盘水、黔东南、黔南、铜仁）乡镇及以下学校，再根据现实资源选择愿意参与本次调研的中小学教师为调查对象，发放并收回 1 077 份有效问卷，问卷有效率为 93%，随后，采用 SPSS 22.0 软件对问卷进行统计分析。我们选取了 30 位教师进行结构式访谈，并随机选取了部分教师进行非结构式访谈。我们了解了农村教师在“体制化资本”方面的现状，如学历、信息素养、科研成果、继续教育、职称晋升等方面，同时还在性别、学校类别、任教学段、教龄、年龄等方面对农村教师在“体制化资本”的差异上进行了分析；此外，我们分析了农村教师在“专业理念与师德”“专业知识”“专业能力”三个方面在性别、学校类别、任教学段、教龄、年龄等方面的差异；同时，分析了农村教师在“具备教育资源”“利用教育资源”两个方面在性别、学校类别、任教学段、教龄、年龄等方面的差异。

根据布尔迪厄文化资本的三种体现形式以及当前少数民族地区农村教师的现状，分别从“具体化资本”“客观化资本”“体制化资本”三个方面，结合教育改革、学校以及教师本人，对提升教师的素质提出针对性建议。

本研究为“文化资本视角下少数民族地区农村教师素质提升研究”成果，由于作者水平有限，可能存在一些疏漏之处，恳请广大读者批评指正。

唐春

2020 年 3 月

目　录

第一章 研究概述

第一节 研究背景及研究意义

一、研究背景

（一）提升教师素质是全面深化新时代教师队伍的需要

教育的根本任务是立德树人，要全面落实立德树人这一根本任务，离不开具有较高素质的教师队伍，因此，教师是教育发展的重要资源，也可称其为第一资源。2010 年，中共中央、国务院印发的《国家中长期教育改革和发展规划纲要（2010—2020 年）》明确提出“建设高素质教师队伍”“提高教师业务水平”；2012 年，在国务院办公厅印发的《国务院关于加强教师队伍建设的意见》（国发〔2012〕41 号）中提到“全面提高中小学教师质量，建设一支高素质专业化的教师队伍”，采取各种方式提高教师的职业道德、更新教育理念、扎实教学基本功和教学技能，切实提升教师的综合素质；2018 年 1 月，《中共中央、国务院关于全面深化新时代教师队伍建设改革的意见》再次指出在新时代背景下要全面提高中小学教师的素质；同年，教育部部长陈宝生在十三届全国人民代表大会第一次会议的记者会上指出：教师是为未来培养人才的人，因此他们必须是高素质的人。诸多文件的出台，对教师素质提出了明确的要求，因此，提升教师素质是一项不可忽视的重要任务。在中共中央 国务院印发的《国家中长期教育改革和发展规划纲要（2010—2020 年）》中的第四部分“保障措施”的第十七章“加强教师队伍建设”的第五十一条提出：建设高素质教师队伍；第五十二条提出：加强师德建设；第五十三条提出：提高教师业务水平；同时还强调：“教育大计，教师为本。有好的教师，才有好的教育……提升教师素质，努力造就一支师德高尚、业务精湛、结构合理、充满活力的高素质专业化教师队伍。”

（二）提升农村教师素质是缩小城乡教育差距的现实需求

农村教师是农村教育发展的关键因素，农村教师的素质在一定程度上影响着农村教育的质量和水平，因此，提高农村教育质量的关键是提高农村教师的素质[1]。2005 年，在《教育部关于进一步推进义务教育均衡发展的若干意见》（教基〔2005〕9 号）中强调："统筹教师资源，加强农村学校和城镇薄弱学校师资队伍建设"；2015 年，《国务院办公厅关于印发乡村教师支持计划（2015—2020 年）的通知》中指出，"全面提高乡村教师思想政治素质和师德水平；全面提升乡村教师能力素质"；2016 年，在《国务院关于统筹推进县域内城乡义务教育一体化改革发展的若干意见》中指出，"努力办好乡村教育"，提高教师思想政治素质和师德水平；从《教育部关于进一步推进义务教育均衡发展的若干意见》（教基〔2005〕9 号）的颁发，到《国务院关于统筹推进县域内城乡义务教育一体化改革发展的若干意见》的审议，可以看出：城乡教育均衡发展已经成为我国当前亟须解决的重要问题。

二、研究意义

（一）理论意义

本次研究利用布尔迪厄文化资本理论对教师素质内涵进行了梳理和拓展，并编制了调查问卷，以期为后续运用布尔迪厄文化资本理论研究教师素质的研究者提供可参考的理论基础。

（二）实际意义

本研究基于布尔迪厄的文化资本理论，对教师素质的内涵进行了梳理，并在此基础上对贵州省少数民族地区的农村教师素质现状进行了调查和分析，对目前少数民族地区农村教师素质有了一定的了解。本研究还从少数民族地区农村教师素质的角度提出一些致力于提高教育质量的教师素质提升路径，通过提高农村教育质量，在缩小城乡教育差距的同时推进教育公平。此外，本研究也为后续运用布尔迪厄文化资本理论研究教师素质的研究者提供了可参考的测量工具。

本研究得出的贵州省少数民族地区农村教师素质的调查结果在一定程度上也适用于类似地区的农村教育，本研究的结论能够对今后更好地推进教育均衡发展提供一些政策性建议。

第二节　研究设计及研究程序

一、研究目的

本研究以布尔迪厄文化资本为理论基础，结合《小学教师专业标准（试行）》与《中学教师专业标准（试行）》（以下简称《教师专业标准》），梳理出教师素质的内涵。在此基础上，笔者编制了基于文化资本理论的教师素质调查问卷和访谈提纲，对贵州省少数民族地区农村（乡镇及以下）的教师进行调查，了解当前少数民族地区农村教师素质现状，分析其存在的不足之处，并提出相应对策，以期为提升少数民族地区农村教师素质带来帮助。同时，为后续运用布尔迪厄文化资本理论研究教师素质的研究者提供可参考的理论基础和测量工具。

二、研究的创新点

教师的文化资本是影响其进行教育教学活动的重要文化资源。作为教师，要具备一定的专业素质，文化资本的积累有利于教师专业素质的养成，从某种程度上来说，教师的文化资本也能转化为教师的专业素质。因此，本研究以布尔迪厄提出的文化资本为理论基础，结合当前的“教师专业标准”，重新梳理并丰富教师素质的内涵，对少数民族地区（以贵州省为例）农村的教师素质进行调查。此外，笔者还依据文化资本理论结合少数民族地区的现状，探索出提升少数民族地区农村教师素质的路径，从而促进少数民族地区农村教育质量的提高，并试图激励教师将自身的文化资本充分转换及运用到教育教学活动当中。

三、研究设计

本研究共分为以下六个阶段：

第一阶段：制订课题实施计划，确定课题调研的内容、重点和调查方式。

第二阶段：查阅文献资料，学习关于布尔迪厄文化资本的理论知识，梳理少数民族地区农村教师素质的研究状况。

第三阶段：基于所查阅的资料，做初步实证调研。第一，编制《文化资本视角下少数民族地区农村教师素质调查问卷》以及访谈提纲；第二，确定问卷调查的方式及调查的对象。

第四阶段：发放、回收并整理问卷，利用 SPSS 22.0 软件对回收的问卷数据进行统计和分析。

第五阶段：梳理调研结果，重点分析、探讨少数民族地区农村教师的文化资本现状，并分析其影响因素。

第六阶段：在分析少数民族地区农村教师的文化资本现状及影响因素的基础上，提出提升少数民族地区农村教师素质的策略。具体的研究设计如图 1.1 所示。

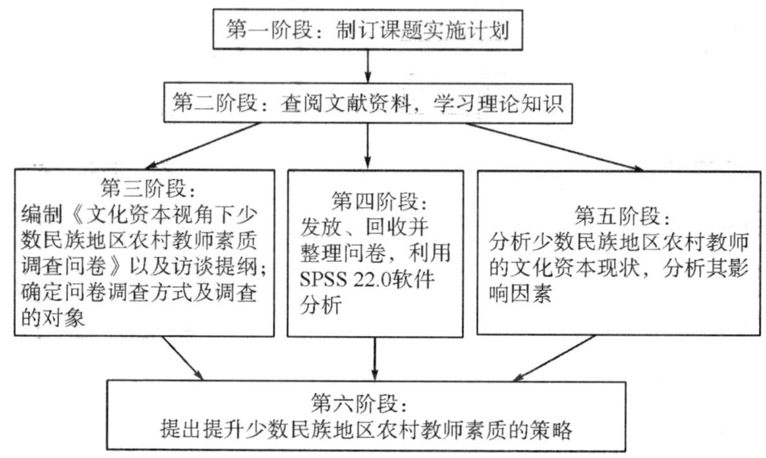

图 1.1　文化资本视角下少数民族地区农村教师素质提升的研究设计

四、研究思路

首先是进行文献资料的搜集与归纳，初步分析并确定教师素质的内涵，以此为参照设计调研方案，不断地进行调整，从而得到更为完备的调研设计方案；其次是在贵州省内进行全面调研，分析得到的调研数据，推导出调研结论并从中发现目前农村教师素质方面存在的问题；最后结合已有理论与实际情况提出解决这些问题的一些理论观点和具体对策。具体研究思路如图 1.2 所示。

五、研究工具

（一）文化资本视角下少数民族地区农村教师素质调查问卷

本研究的调查问卷主要以布尔迪厄文化资本为理论，以其存在的三种形式［一是具体化资本，即在人们身心中根深蒂固的、持久的“性情”；二是客体化资本，主要体现在文化产品（如图片、书籍、工具等）上；三是体制化资本，主要体现在教育制度的安排（如资格认定）上］为基础，以教育部 2012

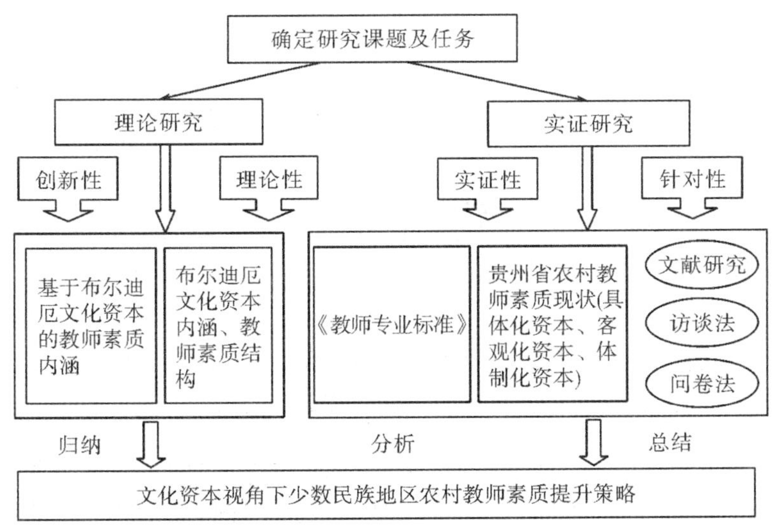

图 1.2 “文化资本视角下少数民族地区农村教师素质研究”的研究思路

年颁布的《教师专业标准》为蓝本，编制出《文化资本视角下少数民族地区农村教师素质调查问卷》。该问卷包括两大部分内容：

第一部分包括基本信息和“体制化资本”两个维度。基本信息包括性别、所在学校、任教学段、教龄、任教学科等；“体制化资本”维度包括教师的学历、学位、资格证书、等级证书、荣誉证书及称号等情况。

第二部分包括“具体化资本”及“客观化资本”两个维度。“具体化资本”以教育部 2012 年颁布的《教师专业标准》为蓝本，包括专业理念与师德、专业知识、专业能力；“客观化资本”包括教师周边资源以及利用周边资源的情况。

本问卷共编制了 82 个题目。其中，第一部分的第 1~7 题为基本信息题，第 8~26 题为“体制化资本”维度；第二部分的第 1~55 题为“具体化资本”维度，第 56~63 题为“客观化资本”维度。问卷的具体构成如表 1.1 所示。

表 1.1 文化资本视角下少数民族地区农村教师素质调查问卷构成情况

内容	维度	内容	题项
第一部分	基本信息	性别、所在学校、任教学段、教龄、任教学科	1~7
	体制化资本	所获各类证书及称号等情况	8~26

表1.1(续)

内容	维度	内容	题项
第二部分	具体化资本	以教育部2012年颁布的《教师专业标准》为蓝本，包含专业理念与师德（职业理解与认识、对学生的态度与行为、教育教学的态度与行为、个人修养与行为）、专业知识（教育知识、学科知识、学科教学知识、通识性知识）、专业能力（教学设计、教学实施、班级管理与教育活动、教育教学评价、沟通与合作、反思与发展）	1~55
	客观化资本	教师具有的教育资源以及利用教育资源的情况	56~63

教师的具体化资本是衡量教师素质的核心要素，教育部将教师专业素质分为专业理念与师德、专业知识和专业能力，同时，叶澜教授把教师素质结构分为教育理念、知识结构和能力结构[3]，教师的这些素质与教师的“教”和学生的“学”密切相关，是教师的专业化标准，而教师的客观化资本和体制化资本为教师的具体化资本提供了辅助条件。因此，本次调研的关注点聚焦于教师的具体化资本，在问卷设计时，笔者对该维度设计了较多的题目来描绘和捕捉教师专业化标准的核心要素。

（二）文化资本视角下少数民族地区农村教师素质访谈提纲

根据研究需求，笔者采用了结构式访谈，并通过自编访谈提纲，对少数民族地区农村教师进行访谈。在了解体制化资本、具体化资本和客观化资本现状的基础上，笔者进一步探索其影响因素以及改善现状的策略或途径。具体的访谈提纲如下。

1. 您为什么会选择教师这个职业？

2. 谈谈您身边的同事对待教育的态度。您对待教育的态度和他们有何不同？为什么？

3. 您如何评价自己的专业知识？

4. 您对自己现有的职称和学历满意吗？为什么？有何打算？

5. 您认为自己的教学能力怎么样？为什么？

6. 您认为教师可以利用身边的哪些资源？您是如何利用这方面的资源的？

7. 您觉得应该以何种方式丰富身边的教育资源？

8. 您认为教师的素质包括哪些？就您刚提到的这些教师素质，您觉得自己的相关素质怎么样？为什么？

9. 您觉得该如何提升您刚才提到的那些教师素质？

六、研究方法

（一）文献研究法

笔者通过网络、图书馆等渠道查阅相关文献，整理和归纳出关于布尔迪厄文化资本的内涵，了解当前少数民族地区农村教师素质的研究状况，力图以布尔迪厄文化资本为理论基础，结合教育部2012年颁布的《教师专业标准》，梳理出教师专业素质的内涵。

（二）问卷调查法

本研究以布尔迪厄的文化资本存在的三种形式（具体化资本、客观化资本、体制化资本）为基础，以教育部2012年颁布的《教师专业标准》为蓝本，编制出《文化资本视角下少数民族地区农村教师素质调查问卷》。根据现实资源选择愿意参与本次调研的教师作为调查对象，问卷以现场发放及网络发放的方式，调查的范围涉及贵州省的各个地区，包括贵阳、遵义、毕节、黔南、黔东南、铜仁、六盘水、黔西南、安顺等，共回收问卷1 162份，对回收的问卷进行整理、筛选得到有效问卷1 077份，问卷有效率为93%，随后对回收的有效问卷用SPSS 22.0软件进行统计并分析。

（三）访谈法

本研究主要采取结构访谈和非结构访谈的方式。结构访谈以自编《文化资本视角下少数民族地区农村教师素质访谈提纲》为主，主要涉及教师素质现状以及原因等问题，随机抽取少数民族地区的30位农村教师为访谈对象，采用面谈、电话访谈以及网络访谈的方式对所选择的教师进行深度访谈，并做详细的记录；非结构式访谈主要通过在调研过程中与教师们的闲谈来获取对本研究有用的支撑材料。

第三节　核心概念界定

一、文化资本

“文化资本”这一概念是由法国社会学家皮埃尔·布尔迪厄在《资本的形式》中提出来的，它是一种通过教育洗礼、历练而成的个人优势。

布尔迪厄认为，文化资本可以以三种形式存在：①具体的形态，以精神和身体的持久“性情”的形式；②客观的状态，以文化商品的形式（图片、书籍、词典、工具、机器等），这些商品或是理论留下的痕迹或理论的集体显现，或是对这些理论、问题的批判，等等；③体制的形态，这是一种客观化的形式，这一形式必须被区别对待（就像我们在教育资格中观察到的那样），因为这种形式赋予文化资本是一种完全原始性的财产，而文化资本正是受到了这笔财产的庇护[4]。

二、少数民族地区

少数民族地区是指以少数民族为主聚集生活的地区，有时也仅指有众多少数民族聚居的地方。由于地理环境的原因，有大量的人口进行了迁徙，使各民族相互融合与交流，从而形成了“大杂居、小聚居”的分布状态。本研究主要以贵州省的民族地区为主，研究对象为本区域的乡镇及以下中小学教师。

三、农村

目前，我国对“农村”一词的界定较多，《农业大词典》中将“农村”解释为：“以从事农业为主的人聚居的地方。”[5]然而，这一解释还存在许多争议。高耀明（1999）认为，农村是指行政区划意义上的县（市）、乡（镇）和村[6]；阮爱民（2001）认为，农村主要是一个地域概念，与城市地域相对应[7]。

刘晓龙等（2019）认为，我国农村可划分为三种类型：经济发达的城郊型农村、经济中等发达的传统型农村和经济欠发达的偏远型农村。这种划分方法主要是参考了农村地区的地理位置、经济、人口、自然资源等因素，并结合我国自然地理分区及经济分区。其中，经济发达的城郊型农村主要分布在城市的周边，它们紧挨城市，交通相对来说比较便利，主要以第二产业为主，农业生产所占的比例很低，经济状况比较好，农民所接受的教育程度也比较高；经济中等发达的传统型农村，是目前常见的传统农村，离城市和重要的交通线较远，主要以农业生产为主，经济水平一般；经济欠发达的偏远型农村，所处位置较偏远，且交通较为不便，农村的规模比较小且较分散，以农业生产为主且生产力水平不高，经济水平偏下[8]。

关于“农村”的定义，目前争议较大的是：集镇究竟是不是农村？对于这个问题，目前存在两种观点：第一，集镇属于农村。赞同这种观点的主要有李梦白（1999），他认为集镇应该是农村的中心，不仅是政治中心，而且是经济中心[9]，同时，集镇也是农村文化、教育、人才培训等的中心。第二，集镇是介于农村和城市之间的独立社区（何肇发，1999）。

综合以上的观点，本研究采用了国家统计局对农村的定义，认为农村主要指广大的乡镇和村等行政区域[10]，即除县城以外的乡镇和村。

四、农村教师

农村教师这一概念是基于农村教育而来的，要定义农村教师，需先对农村教育进行理解。关于农村教育，常见的定义有两种：第一，《国际教育百科全书》认为，农村教育是为农村人口所设计的机构和学习设施。学习设施可以按国家正规的学校体制或者非正规的条件加以组织[11]。第二，联合国教科文组织秘书处将农村教育定义为：农村地区的义务教育、职业技术教育和成人教育，它包含了有文凭的全日制正规学习和短期非正规的成人扫盲学习以及技能培训[12]。

中国学者陈敬朴（1999）将农村教育定义为在农村地区对各个年龄段的农村人口实施的包括农村学校的教育（义务教育、职业教育、高等教育）与社会教育（小区教育等）在内的各级各类教育与各种形式教育的总称[13]。

因此，本研究中的农村教师主要按照学校所在的地理位置进行划分，是指在乡镇以下的学校工作的教师[14]，主要从事高中教育、初中教育以及小学教育的专职教师[15]。

五、教师素质

从教师的职业角度来看，我们通常将教师素质称为“教师专业素质”，它是指教师在教育行业所具有的素质。不同的学者对教师专业素质的定义有不同的观点，孟万金（2004）认为，教师专业素质是指教师在从职业化向专业化发展过程中形成和不断增长起来的、保证教育教学任务出色完成的知识、技能、品德、观念、行为和个性等方面的综合特征[16]。王卓等（2004）认为教师专业素质是指经过有计划、有组织且较为系统的师范教育，并在长期的教育教学实践活动中逐渐发展，进而形成具有特定的、专门的以及不可替代性的素质[17]。李建辉等（2010）认为，教师专业素质是指教师在教育成长以及学习的过程中形成的具有稳定性、发展性和独特性的专业综合品质[18]。

本研究中的教师素质较倾向于李建辉等的观点，认为教师素质主要是指教师在从职前的师范教育学习到从教后的专业成长的整个过程中，所形成的具有稳定性、发展性和独特性的专业综合品质或综合素养，强调了“综合”二字，这就不仅涉及专业的知识和技能，还包括与专业相关的其他综合素养及品质。因此，本研究对教师素质的定义，是在《教师专业标准》的基础上，以布尔迪厄文化资本为理论基础确定的。

从布尔迪厄文化资本的角度出发，我们将教师的素质分为“具体化资本”“客观化资本”和“体制化资本”三个方面。

教师的文化资本是影响其进行教育教学活动的重要文化资源，作为教师，要具备一定的专业素质，他们对文化资本的积累有利于其教师素质的养成，从某种程度来说，教师的文化资本也能转化为教师素质。因此，本研究重点参考了 2012 年教育部颁布的《教师专业标准》，将其作为教师具体化资本的内容；同时，学历通常被认为是体制化资本的典型形式[19]，所以教师的体制化资本除了其学历证书以外，还包括学位证书、普通话等级证书、计算机等级证书、英语等级证书等与教育教学有关的资格认证[20]；而教师的客观化资本主要指与教学有关的书籍、工具等文化产品以及对教师的发展有着潜移默化影响的文化产品[21]。基于此，本研究建构了文化资本视角下的教师素质内涵框架图（见图 1.3）。

（一）教师的“具体化资本”

教师的“具体化资本”主要指教师通过接受长期的教育和学习而积累的文化产物，这种文化产物几乎是根深蒂固、长久不变的，它不能进行馈赠、转让或遗传等；结合教育部颁布的《教师专业标准》，教师的“具体化资本”可以分为：教师的专业理念与师德、专业知识、专业能力。

专业理念与师德包括了教师对职业的理解与认识、教师对学生的态度与行为、教师教育教学的态度与行为以及教师的个人修养与行为四个方面[22]。其中，教师对职业的理解与认识，是指教师对职业的深入理解、崇高的敬业精神、对教师工作的独特性和专业性的高度认同、遵守教师的职业道德规范，能做到以身作则、为人师表等。教师对学生的态度与行为，包括教师对学生身心健康的关心、对学生生命安全的保护、对学生人格及尊严的尊重、接受学生的个别差异性等。教师教育教学的态度与行为，主要指教师应该重视学生的全面发展、注重学生道德品质方面的发展，在培养学生全面发展的过程中，要把学生的道德发展放在首要地位；此外，教师还应该注重对学生学习兴趣及其他兴趣的培养，培养学生良好的学习习惯和生活习惯，激发学生学习的积极性以及主动探究的兴趣等。教师的个人修养与行为，是指教师要重视自己的衣着、语言以及行为举止，做到大方得体、文明礼貌；面对学生时要细心、有耐心和责任心，同时，做到乐观开朗，与学生交流时保持平和的心态，并且要坚持学习，用自己的行为为学生树立良好的学习榜样。

教师的专业知识主要包括：教育知识、学科知识、学科教学知识和通识性知识[23]。其中，教育知识，主要指教师掌握的教育学、教育心理学以及班级

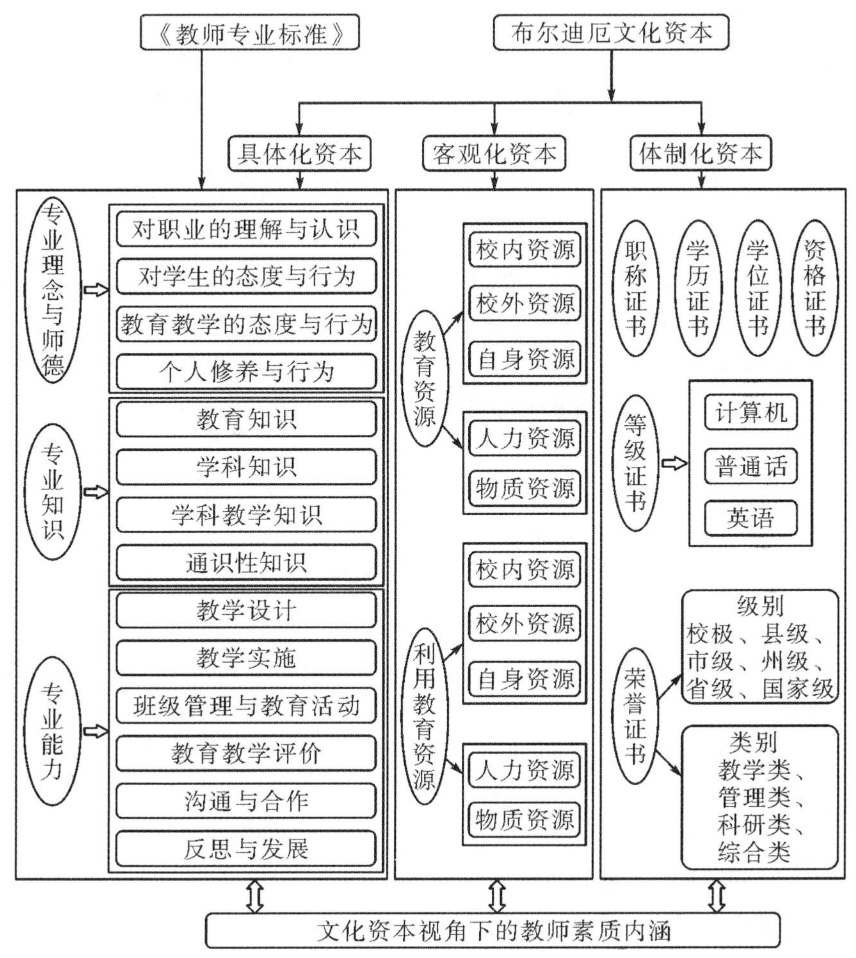

图 1.3　基于布尔迪厄文化资本的教师素质内涵框架图

管理等方面的基本原理、原则和主要方法，同时，教师还应了解学生的身心发展的特点等。学科知识，是指教师要掌握任教学科的知识体系、基本知识、基本原理以及教学思想，理解并运用多元化的教学方法、具备熟练的教学技能，了解该学科与其他学科之间的关联等。学科教学知识，是指教师在了解所教学科专业知识的基础上，再进行学科教学，因此，教师要了解该学科的课程标准、教学方法与原则，同时，具有课程资源及校本课程开发的基本能力等。通识性知识，是指教师应该具备广博的科学文化知识[24]，如自然科学、人文科学、艺术创造、信息技术等知识。

教师的专业能力主要包括：教学设计能力、教学实施能力、班级管理与教育活动能力、教育教学评价能力、沟通与合作能力和反思与发展能力[25]。其中，教学设计能力，指教师能科学合理地设计所教学科的教学计划、教学目标，能将身边的教育资源充分地利用到教学过程中。教学实施能力，是指教师在教学时能有效地管理课堂，通过创造良好的学习氛围、采取多元化的教学方法及教学手段来激发学生主动学习和探究的兴趣，培养学生的创新精神[26]。班级管理与教育活动的能力，指教师能根据学生的身心发展规律有效地、针对性地组织班级活动，同时，能与学生建立友好的师生关系，以此培养学生与同伴建立良好关系的能力，此外，要在教学中渗透德育的内容，并引导学生全方位的发展。教育教学评价能力，指教师对学生的评价应做到多元化（方法多元：过程性评价与终结性评价相结合、定性评价与定量评价相结合、相对评价和绝对评价与个体内差异评价相结合；内容多元：注重对智力因素与非智力因素两个方面进行综合评价；主体多元：教师评价+家长评价+同伴评价+学生自我评价），同时，教师要具备对自己的教育教学行为及效果进行自我反思和评价的能力。沟通与合作的能力，指教师要与领导、同事、学生及其家长建立良好的关系，能做到平等地与他们进行对话与交流。反思与发展能力，指教师要具备不断地对自己的教育教学行为进行反思并改进的能力，同时，要不断自我提升，做到终身学习。

（二）教师的“客观化资本”

教师的“客观化资本”指与教学有关的书籍、工具等文化产品以及对教师的发展有着潜移默化影响的文化产品[27]。教师的“客观化资本”大致可以分为两大类：一是具有的教育资源状况，二是利用教育资源的情况。其中，具有的教育资源包括：①校内资源，从物质资源与人力资源来看，物质资源主要指学校能为教师提供的教学设备和条件，如教育教学的参考书目或材料、教学工具、教育信息技术等；人力资源包括领导、同事以及学生。②校外资源，校外的物质资源指除学校以外，能为教师提供教育教学帮助的资源，如社区图书馆、街道图书室以及能帮助教师教育教学的实物等；校外的人力资源包括学生家长、社区的工作人员等。③教师自身具备的物质资源，如藏书、网络、手机、电脑等。教师在具有这些资源的基础上，还应该充分地利用这些教育资源，为教育教学提供有利的帮助。

（三）教师的“体制化资本”

教师的“体制化资本”指教师掌握了“具体化资本”后，通过考试得到认可并取得的文凭和资格证书。教师的“体制化资本”主要体现在教师所获取的各类证书上，其中学历通常被认为是体制化资本的典型形式[28]，所以教师的体制化资本除了学历证书外，还包括职称证书、学历证书、学位证书、资格证书、等级证书、荣誉证书等。其中，教师的等级证书包括计算机等级证书、普通话等级证书、外语水平等级证书；荣誉证书可按不同的级别和不同的类别分类，从级别来说，荣誉证书可以分为校级、县级、市级、州级、省级以及国家级；从不同类别来看，荣誉证书包括教育教学类、教育管理类、教育科研类以及综合类。

第四节　研究的理论基础

一、布尔迪厄文化资本理论

（一）布尔迪厄文化资本

文化资本的理论首次完整地提出，是法国著名的社会学家布尔迪厄在1986年的《资本的形式》一文中提到的，文化资本范畴是建立在对资本范畴的进一步抽象的基础上而形成的。布尔迪厄将资本具体划分成三大形态：经济资本、文化资本和社会（关系）资本。

布尔迪厄文化资本包括三种基本形态：

第一，具体化形态。具体化形态的文化资本通常指通过长期接受教育之后获得的与身体融为一体的知识、品位、教养、技能及品格等文化产物。具体化形态的文化资本需要通过较为漫长的积累，虽然需要付出较多的时间和精力，但是它能够长期地体现在某个特定的个体身上，同时它还有一个特征：无法进行馈赠、买卖、交换以及传承。

第二，客观化形态，即物化状态。具体地说，就是书籍、绘画、古董、道具、工具及机械等个体的附属物品和物质财富。这种以物质的形式呈现出来的文化资本与身体系统文化资本不同，是能传递下去的。

第三，体制化形态。体制化形态的文化资本是将个体掌握的知识与技能，通过考试等方式，给予认可、通过并授予合格文凭和资格认定证书等方式将其制度化[29]。如学历认定、学术资格等都是通过获得文凭或证书的认定而得以制度化，如CET4和CET6、教师资格证书、本科毕业证书等证书就成了制度化的文化资本。其作用较大，能赋予个体长期且合法的价值。

（二）文化资本的特点

文化资本具有以下三个特点：

第一，文化资本能高度增值。资本的一个重要特征就是它具有增值性。文化资本的增值性从某种程度上来说是经济资本和社会资本的增值，因为经济资本和社会资本的增值性是以文化资本的运作支撑的，没有文化资本的运作，就不能把劳动与资本有机统一，也就难以实现增值。

第二，文化资本与主体不可分割。文化资本是一种被转化成个人的组成部分的外部财富，也是一种被转换成习惯的外部财富。它需要主体自身投入时间、精力，身体力行才能获得。它不能借贷或转让，是主体自身不可分割的组成部分。

第三，文化资本不可继承。文化资本是属人性的东西，与主体不可分割，会随着主体的灭亡而消亡。文化资本的所有者可以把文化遗产通过著作的方式传给后人，但是后人还需要通过学习才能获得，这不是一种直接的、现实的继承[30]。

二、教师专业发展理论

（一）教师专业发展的概念

教师专业发展又称为教师发展或教师专业成长，是指教师个体专业不断发展的历程，是教师不断接受新知识，提高专业能力的过程。教师专业发展具有三个非常明显的特征：第一，教师专业发展是一个有意义的过程；第二，教师专业发展是一个持续的过程；第三，教师专业发展是一个系统的过程[31]。

（二）教师专业发展的内涵

教师在其专业发展的过程中有许多"关键时期"，这些时期可以视为教师发展的转折期，它会改变教师专业发展的路径和速度。米索（Measor L.）把教师专业发展的关键时期分为三类：第一类是"外在"关键时期，指由重大历史事件引发的关键时期，如教育变革就属于这一类型的关键时期。第二类是"内在"关键时期，指在教师专业发展的自然演进过程中所出现的关键时期，如教师的实习期、初任期等。第三类是"个人"关键时期，指由家庭中的突发事件、结婚、离婚、子女生病等诱发的关键时期，这也可能导致教师对自己的专业发展做出新的选择[32]。这三类时期是教师专业发展的重要时期。要促进教师专业发展，应关注教师发展的各个阶段，特别是这些关键时期。

在教师专业发展的"内在"研究中，我们主要关注对教师专业知识、教师专业能力、教师专业发展意识的研究。在专业知识方面，我们不仅要强调教师的理论知识，更要注重对教师实践性知识的培养。实践性知识是教师个人的知识，是将理论知识在实践的过程中内化，而将理论知识转化为自己的教师专业知识和专业技能以及专业情感需要一个成长过程，这个成长过程是教师在教学实践中进行的，是一个终身学习和终身专业发展的过程[33]。

三、教师专业化标准

2012 年 2 月 10 日，教育部下发《教师专业标准》，其目的是促进幼儿、小学及中学各阶段教师专业的发展，提高教师素质。

（一）《教师专业标准》的基本理念

教师是履行教育工作职责的专业人员，他们需要经过长期且较为严格的培养与培训，具备高尚的职业情操、良好的职业道德，掌握系统的专业知识和专业技能。《教师专业标准》是国家对合格教师的基本专业要求，是教师实施教育教学行为的基本规范，是引领教师专业发展的基本准则，是教师培养、准入、培训、考核等工作的重要依据。《教师专业标准》的基本理念主要体现在以下四个方面：①师德为先。作为教师必须做到爱国守法，这是对教师的基本要求；做到爱岗敬业，有高尚职业理想和职业情操；做到关爱学生，平等对待每一位学生，尊重学生的人格，保护学生安全；做到教书育人，注重学生品德的发展；做到为人师表，在学生的学习及成长过程中做好模范带头作用，提升自己的品行并以此影响学生。②学生为本。尊重并保护学生的权益，在教育教学活动中，坚持以学生为主体，充分调动和发挥学生的积极性和主动性；遵循学生的身心发展特点和教育教学规律，注重学生健康快乐地学习和成长，培养全面发展且有个性的人。③能力为重。坚持理论联系实际的原则，把学科知识与教育实践相结合，突出教书育人的实践能力；遵循学生成长过程中的身心发展规律，做到实践-反思-再实践-再反思，不断提高自身的专业能力。④终身学习。学习国内外先进的教育理论及教育改革与发展的经验；努力优化自身的知识结构，提高自身的文化知识及综合素养；养成终身学习与专业化发展的良好习惯，给学生做个终身学习的榜样。

（二）《教师专业标准》的基本内容

《教师专业标准》主要包含三个维度：专业理念与师德、专业知识、专业能力。其中，《教师专业标准》中的专业理念主要包括：职业理解与认识、对学生的态度与行为、教育教学的态度与行为和个人修养与行为四个方面；专业知识主要包括：教育知识、学科知识、学科教学知识和通识性知识四个方面；专业能力主要包括：教学设计、教学实施、班级管理与教育活动、教育教学评价、沟通与合作和反思与发展六个方面。

第二章　研究综述

第一节　关于布尔迪厄文化资本的研究

一、布尔迪厄文化资本的内涵

布尔迪厄是20世纪法国著名的社会学家，他在《教育社会学研究与理论手册》一书中最先提出文化资本这个概念[34]，在《资本的形成》一文中，第一次完整地提出了文化资本的理论[35]，并将资本分为三种：一是经济资本，以金钱为符号，以产权为制度化形式；二是社会资本，以社会头衔、社会声望等为符号，以社会的规范及制约为制度化形式；三是文化资本，以作品、成果、文凭、学历等为符号，以学位为制度化形态。其中，文化资本与“惯习”“场域”共同构成了布尔迪厄文化社会学的理论体系[36]。

1997年出版的由包亚明等编译的《文化资本与社会炼金术——布尔迪厄访谈录》是我国第一部专门介绍布尔迪厄文化资本理论的专著；之后，布尔迪厄阐述文化资本的相关专著《继承人——大学生与文化》《再生产——一种教育系统理论的要点》《实践感》《国家精英——名牌大学与群体精神》等相继翻译出版，推动了我国学术界尤其是教育学领域对文化资本的研究[37]。

布尔迪厄将文化资本划分为三种形式，第一，具体化的形式，以精神和身体的持久“性情”的形式而存在，例如一个人受家庭环境的影响所形成的内化于个人身上的学识和修养，即文化能力[38]；第二，客观化的形式，当文化资本可转变为像“图片、书籍、词典、工具、机器之类的东西，以客观化的方式而存在”，即文化产品；第三种是以体制化的形式存在，即文化制度。

周守军（2011）在对布尔迪厄将文化资本进行分析的过程中，也认为布尔迪厄将文化资本划分为三种存在形式，一是文化能力，二是文化产品，三是文化体制[39]。

韩巧霞（2018）基于文化资本分析方法的视角，首先从文化资本的“三种形态”出发，讨论了大学生思想政治教育接受资源论。其次，从文化资本的场域形成来讨论大学生思想政治教育接受环境论。再次，从文化资本的符号弱势出发，探讨了大学生思想政治教育接受过程论。最后，用文化资本的惯习特性来分析大学生思想政治教育接受效果论。[40]

陈国民（2010）在研究学校文化资本时，认为学校文化资本的构成要素主要有三种表现形态：具体化形态、客观化形态以及体制化形态。具体形态的学校文化资本即学校文化力，它具有独特性、象征性和符号性等特征；客观化形态的学校文化资本即学校文化产品或设施；体制化形态的学校文化资本即文凭、学历。[41]

仇立平等（2011）认为文化资本泛指与个人地位获得和地位象征有关的有形或无形的文化资产，包括身体化、客观化、体制化三种状态。[42]

王岳川（2018）在其论文《布迪厄的文化理论透视》中，对文化资本理论进行了分析，文中提道：文化资本有着具体的状态，它是以精神和身体的持久性情的形式存在的。客观的状态以文化商品的形式获得呈现。体制化的、官方承认的、得到保证的文化资本是人们所力求获取的自身价值的认同和保障。[43]

任勇（2010）在其论文《国家治理视野中的核心价值：基于文化资本的考察》中提到，“文化资本”泛指任何与文化及文化活动有关的有形及无形资产。[44]他还提到，布尔迪厄认为文化资本有三种存在形式：具体的状态、客观的状态和体制的状态，而体制的状态必须被区别对待（就像我们在教育资格中观察到的那样），因为这种形式赋予文化资本一种完全是原始性的财产，而文化资本正是受到这笔财产的庇护。[45]

在各学者对文化资本分析的基础上，本研究主要以布尔迪厄文化资本的三种基本形式为理论基础：一是身体化形态，指行动者通过遗传或后天的家庭环境、学校教育获得的，融入精神与身体的知识、教养、技能、趣味及感性等文化产物，体现在人们身心中根深蒂固的那些性情倾向，我们又可以将它称为“文化能力”；二是客观化形态，指个人所拥有的物化的文化产品以及对这种文化产品的鉴别及欣赏能力，如书籍、词典、工具、机器等；三是体制化形态，主要体现在制度安排上，指行动者掌握的知识与技能通过某种形式（通常是以考试的形式）的考核后，由合法机构颁发及社会认可的教育文凭、证书与职称等方式将其制度化。用这三种形态来分析教师素质，以丰富和拓展教师素质的构成。

二、布尔迪厄文化资本理论的评价

有学者认为布尔迪厄文化资本理论存在不足，主要体现在以下几个方面：①概念界定模糊。文化资本虽然被分为具体化、客体化和体制化三种形式，但布尔迪厄并未对其做明确的定义，文化资本也并没有构成一个结构严谨的元概念，而是以一种开放性理解被隐喻式运用的，尽管文化资本概念的暧昧性和模糊性有时候可以提高它自身的灵活性并使它更能够被理解和适应各种变化，但这种范畴上的不确定性阻碍了理论本身的建构与完善。②概念本身具有浓厚的意识形态色彩。布尔迪厄文化资本理论将文化资本视为一种支配性权力，认为这种资本在阶级社会则表现为统治阶级对被统治阶级的支配，加剧了社会的等级秩序和社会资源的不平等分配，从而也给文化资本添加了意识形态的色彩。③具有社会决定论倾向。布尔迪厄认为，文化资本产生于一定的社会历史场域，场域是其赖以生存的母体。因此，他将文化资本的产生完全归于了社会的特定场域，只强调对文化资本被形塑结构的把握，而忽视了文化资本本身所包括的个体的形塑结构的作用，从而以文化资本的主体性替代了人的主体性，把文化资本视为一个片面强调社会决定作用的静态和僵硬的概念，使其不但没能摆脱主客之间的二元对立，反而陷入了社会决定论的怪圈。[46]

三、对布尔迪厄文化资本理论的研究状况的评价

首先，目前对文化资本的理论创新研究不够[47]。现存的多数研究的理论框架都是沿用布尔迪厄的文化资本理论，或者以布尔迪厄的文化资本为基础进行相关的研究，缺乏对文化资本理论与研究主题之间的关系分析，导致研究呈现出“两张皮”的现象。其次，在方法论方面，多采用较为简单的经济学分析方法，主要采用定性的研究方法，较少采用定量的研究方法[48]。再次，目前对文化资本理论的研究较多，而对于实际应用的研究较少[49]。最后，当前国内对文化资本的研究过于注重个体、局部和细节，尚无系统的对文化资本影响指数或评估体系的研究[50]。

基于此，本研究试图基于文化资本理论，从文化资本的三种存在形态出发，分析并梳理教师素质的内涵，对少数民族地区农村中小学教师的素质进行调查，寻求其不足之处，以便对教师素质的提升指明方向。

第二节　关于教师素质结构及提升的研究

一、关于教师素质结构的研究

国内学者把教师专业素质结构大致分为以下三种：一是三分法，叶澜把教师素质分为教育理念、知识结构和能力结构[51]；瞿宝奎将教师素质分为专业知识、专业技能和专业情意[52]。二是四分法，冯颖把教师素质分为观念结构素质、知识结构素质、能力结构素质和身心结构素质；郭彩琴则将教师素质分为优秀的思想道德素质、T 型化的知识素质、复合型的能力素质和健康的身心素质[53]。三是林崇德的五分法，他将教师素质分为教师的职业理想、知识水平、教育观念、教学监控能力、教学行为和策略，并在这个基础上提出了教师素质结构模型[54]。除此之外，国内有些学者还从教师的师德、师风，即教师的职业理想、职业态度和风格等方面来谈论教师素质。

综合现有研究，笔者认为教师素质在结构上，至少应包括以下成分：职业理想、知识水平、教育观念、教学监控能力以及教学行为与策略，林崇德等人将教师的职业理想与职业道德画等号，认为职业理想就是职业道德[55]。

表 2.1　部分研究者关于教师素质结构的分类

研究者	教师素质结构
教育部	①专业理念与师德（职业理解与认识、对学生的态度与行为、教育教学的态度与行为、个人修养与行为）；②专业知识（教育知识、学科知识、学科教学知识、通识性知识）；③专业能力（教育教学设计、组织与实施、激励与评价、沟通与合作、反思与发展）[56]
教师工作司	①专业知识；②专业技能；③专业情感
杨小微等	①基础性素养（教育价值理念、职业发展动力、职业责任感）；②共通性教师专业素养（专业知识、专业能力）；③核心学科教学素养；④教育实践素养[57]
邵宗杰、卢真金	①专业知识（专业基础知识、文化修养、教育理论知识）；②专业技能（教育教学能力、了解学生的能力、加工设计和表达教育内容的能力、组织管理能力、教育科研能力）；③专业态度（专业理想、专业道德、专业情操、专业性向、专业自我）[58]

表2.1(续)

研究者	教师素质结构
林永惠、路玉才	①知识素养（专业知识、普通文化知识、教育学科知识、教育实践知识）；②能力素养（教学能力：教学设计能力、教学实施能力、教学辅导能力、教学评价能力；教研能力：发现问题的能力、采集资料的能力、科研写作的能力）；③职业道德素养（热爱教育事业、热爱学生、热爱教师团体、为人师表）④身心素养（身体素质、心理素质）[59]
李森、陈晓端	①职业道德（爱岗敬业、热爱学生、团结合作、勤奋进取）；②业务素质（知识结构：学科专业知识、文化基础知识、教育专业知识、教育实践知识；能力结构：教学能力、组织管理能力、语言表达能力、科研能力；心理素质）[60]
余文森	①专业知识（普通文化知识、专业学科知识、教育学科知识、教育实践知识）；②专业能力（教学能力、班主任工作能力、教研能力）；③专业精神（敬业精神、科学精神）④专业人格（个性修养、道德品格、积极健康的态度）[61]
柳海民	①专业情意［专业理想、专业情操（职业道德）、专业性向、专业自我］②专业知识（通识性知识、本体性知识、条件性知识）；③专业能力（教学设计能力、教学实施能力、教学组织监控、教育评价能力、科研能力、现代信息技术能力）[62]
林崇德	①职业理想（职业道德）；②知识水平；③教育观念；④教学监控能力；⑤教学行为；⑥教学策略[63]

在对教师素质的研究中，我们主要关注教育部于2012年印发的《教师专业标准》中关于“教师素质”的三个部分：专业理念与师德、专业知识和专业能力。这三个部分是教师从事教育教学活动的基本条件，从教师文化资本的角度来看，这属于“教师的具体化资本”。对教书育人的教育者来说，应该不断积累自身的“客观化文化资本”及“体制化文化资本”并充分运用到教育教学中，因此，笔者以布尔迪厄的文化资本理论为基础，再次梳理教师素质的相关内容，力图在原有的基础上丰富教师素质的内涵。

二、关于教师素质提升的研究

谢延龙认为提高农村教师素质的根本路径是制度变革，他认为制度变革是实现农村教师素质提高的必然选择。谢延龙认为教育教学的相关制度应包括农村教师任职准入制度、职务退出制度、学习培训制度、流动制度和激励与保障制度五个方面[64]。谢延龙、程雷认为提升农村教师素质的战略选择与出路是走出“幻象”，他们以“大传统”“小传统”范畴来阐释农村教师素质提高的路径选择，提出要走出“幻象”，就需要采取以“互动论”为基础的农村“本土化”主导战略，并对其实施策略做进一步探究。[65]

第三节 关于农村中小学教师专业素质状况及提升的研究

一、关于农村中小学教师专业素质状况的研究

由于农村中小学教师数量庞大，国内研究者对农村中小学教师专业素质状况的考察除教育部组织的调研外，更多的是对某一区域的教师队伍的某些方面进行调查。如 2006 年，教育部《农村中小学教师队伍建设对策研究》课题组发布了“农村中小学教师队伍建设现状”调查报告，指出农村小学教师的教育思想观念落后、专业知识结构不完善、教学方法和手段落后、教学能力不足、教育科研能力欠缺。此外，梁东奇对我国浙江、黑龙江、吉林、河南、贵州和四川六个省份中六十多个乡镇农村教师的调查[66]，廖龙龙等对全国九个省市农村教师专业素质状况的调查[67]，亢锦对襄阳市农村中小学教师队伍的调查[68]，杨丹丹对黑龙江省 B 区农村小学教师队伍的调查[69]，冉文园对河北省蠡县农村中小学教师队伍的调查[70]，武秀珍对赤峰市松山区农村中小学教师队伍的调查[71]，周昆对四川省富顺县村小学教师队伍的调查[72]，林溪对吉林省四县农村义务教育阶段教师队伍的调查[73]，王慧对甘肃省临夏州积石山县农村中小学教师素质进行调查[74]，杨世碧等对重庆市部分区县农村小学语文教师素质的调查[75]，党志平对河南省 20 所农村薄弱学校的教师和管理者进行的调查等[76]，都从不同的方面对农村中小学教师专业素质的现状进行了描述。但从已有调查结果来看，不管是全国性调研还是区域性的个案研究，近几年的农村中小学教师素质相对较低且存在的问题大抵类似，这些问题已经严重延缓了我国农村教育质量的提高。

二、关于农村中小学教师专业素质提升的研究

在诸多研究中，研究者会从农村教师队伍这个宏观的角度出发，探讨农村教师队伍的建设问题。有学者认为（张道祥，2008）当前农村教师队伍比较普遍存在的问题，一是师资结构不合理、保障机制不健全、教师生存状态令人担忧，二是教师的压力较大[77]。胡霞（2013）从教育生态学的视角来探讨农村教师的工作状态，认为农村教师的工作强度已超出其所能承受的极限[78]。刘艳（2017）利用比较分析法，发现农村教师队伍与城市教师队伍相比，无论是从职称、学历、年龄、性别

还是从生师比、学科等方面，都存在较为显著的差异性[79]。

除此以外，国家层面也出台了许多关于提升农村教师素质的政策，内容如表2.2所示。

表2.2　国家层面出台关于提升农村教师素质的部分文件[80]

序号	文件名称	颁布日期	颁布单位	核心内容
1	《乡村教师支持计划（2015—2020年）》国办发〔2015〕43号	2015.6.8	国务院办公厅	（1）采取切实措施加强边远贫困地区乡村教师队伍建设； （2）明显缩小城乡师资水平差距，让每个乡村孩子都能接受公平、有质量的教育，特制订乡村教师（包括全国乡中心区、村庄学校教师，下同）支持计划
2	《乡村教师培训指南》（教师厅〔2016〕1号）	2016.1.13	教育部办公厅	（1）推动各地变革乡村教师培训的模式，提升乡村教师培训实效； （2）推进各地做好送教下乡培训； （3）推动培训团队深入课堂、现场指导，着力提升乡村教师课堂教学能力
3	《关于做好乡村学校从教30年教师荣誉证书颁发工作的通知》（教师函〔2016〕4号）	2016.4.12	（1）教育部 （2）人力资源社会保障部	（1）提升乡村教师职业荣誉感； （2）宣传乡村教师坚守岗位、默默奉献的崇高精神
4	《统筹推进县域内城乡义务教育一体化改革发展的若干意见》（国发〔2016〕40号）	2016.7.2	国务院	（1）统筹城乡师资配置； （2）完善职称评聘政策； （3）改革乡村教师待遇保障机制

第四节　文化资本及其视角下的教育问题研究

文化资本是由法国社会学家布尔迪厄于20世纪70年代初提出的，是布尔迪厄对马克思主义资本理论进行非经济学的解读后提出的一个重要的社会学概念。20世纪90年代开始，“文化资本”跃入中国学术界文献，引起中国学者的关注[81]。布尔迪厄的文化资本，是指借助不同的教育行动传递的文化资产；是世代相传的一般文化背景、知识、性情以及技能。文化资本的存在形式有具体化、客体化和体制化三种。

李金奇（2012）首先用布尔迪厄的文化资本理论对农村教师的社会地位

进行诠释，他认为农村教师的文化资本表现为具体化的形态、客观化形态以及制度化形态，并对农村教师的文化资本特点进行了分析，认为农村教师的文化资本具有精神价值的象征意义，且是一种具有低度增值性和群体均质性的生存性资本[82]。其次，李金奇用布尔迪厄的社会资本理论对农村教师的社会地位进行诠释，并认为教师的社会资本具有四个特点：一是教师的社会资本是无形的，使用时不但不会贬值，还有可能会升值，但是若不使用就会贬值；二是教师的社会资本不存在于个人，而是存在于人与人或人与组织抑或是组织与组织之间的关系中，贯穿于教师的现实生活，随着教师与外界的交往而得到发展，不易被发现和测量；三是有投入和产出，但其投入和产出是不成正比的，若要投入，需花费一定的时间、精力、体力、物质以及情感等，虽然不一定能及时得到回报，但从长远来看，其后期产生的效益往往超过投资的成本，而且，若某种社会成本一旦形成，就能不断地、反复地发挥它的作用并能不断增值；四是教师享有具有共享性的学校组织的社会资本。[83]

余秀兰（2006）从文化再生产的角度对我国的城乡教育差距进行了探析，其中，“文化再生产”的理论是布尔迪厄把“文化资本”与“再生产”结合起来所提出的。余秀兰通过分析发现，城乡孩子入学前在家庭教育中习得的文化资本存在差异，学校的教育内容与考试内容具有城市偏向性，城乡差距的强化从客观上来看，其影响因素主要是效率优先的教育政策。[84]

周海玲（2008）从文化资本的新视角出发，探讨流动儿童教育的不平等性，她分析了具体化家庭文化资本、客观化家庭文化资本和制度化家庭文化资本对流动儿童的影响，主要体现在学业上的不平等，并从推进社会公平的目的上，提出了促进农民工家庭文化资本建设，并提出应通过政府，为流动儿童提供非家庭的文化资本。[85]

孙杰（2011）以布尔迪厄文化资本为理论，探讨了文化资本对农村义务教育均衡发展的影响，并提出：农村义务教育均衡发展的文化资本是乡土文化，此外，还可以以城市文化为主导来影响农村义务教育均衡发展。孙杰从树立义务教育均衡发展理念、建构体现本土知识的课程内容、建立多元化的义务教育均衡发展评价体系三个方面对农村义务教育发展的文化资本进行重建，以此推进农村义务教育均衡发展。[86]

关于文化资本视角下的教育问题研究，从相关研究者的研究结果来看，更多的是从家庭文化资本出发，研究教育公平及教育起点问题，如：文化资本对农村义务教育均衡发展的影响、家庭文化资本对后代教育的影响等。目前的研究中极少有将布尔迪厄的文化资本作为教师素质内涵的理论依据，来研究教师素质的提升途径。

第三章 文化资本视角下少数民族地区农村教师基本情况

第一节 文化资本视角下少数民族地区农村教师素质问卷编制

一、问卷调查的基本思路

（一）调查目的

笔者以布尔迪厄文化资本为主要的理论基础，结合教师素质的构成要素，梳理出布尔迪厄文化资本的教师素质内涵，并以贵州省为例，调查该地区农村教师素质现状，根据现状分析具体问题与原因，进一步了解当前贵州省农村教师存在的问题以便探究提升教师素质的策略及路径。

（二）调查对象

笔者随机选取贵州省各地区（包括贵阳、黔西南、安顺、毕节、遵义、六盘水、黔东南、黔南、铜仁）的农村教师，主要包括乡镇的高中、初中及小学教师，由于问卷的维度是以布尔迪厄文化资本为理论，结合教育部2012年颁布的《教师专业标准》而编制的，所以高中、初中及小学的教师使用同一份问卷。

（三）调查内容

少数民族地区（以贵州省为例）农村教师素质现状。

二、问卷的构成

问卷主要以布尔迪厄文化资本为理论，以其存在的三种形式为基础，以教育部2012年颁布的《教师专业标准》为蓝本，编制出《文化资本视角下少数民族地区农村教师素质调查问卷》。问卷包括“基本信息”和“问卷调查”两大部分以及“具体化资本”“客观化资本”和“体制化资本”三大维度。其中，“具体化资本”与“客观化资本”维度利用李克特五点量表法（完全不符合：1分；不太符合：2分；不确定：3分；比较符合：4分；完全符合：5分）的方式来描述。

三、问卷发放及回收

本研究首先采取了地域分层抽样，选取贵州省各地区（贵阳、黔西南、安顺、毕节、遵义、六盘水、黔东南、黔南、铜仁）的乡镇及以下的学校，再根据现实资源选择愿意参与本次调研的教师为调查对象，利用网络的方式发放问卷，共回收1 162份问卷，对回收的问卷进行整理筛选得到有效问卷1 077份，问卷有效率为93%，随后对回收的有效问卷用SPSS 22.0软件进行统计并分析。

四、信度考察

本研究所使用的检验信度的方法为克隆巴赫（L. J. Cronbach）所创的内部一致性α系数（Cronbach's Alpha）[87]。该检验信度的方法认为α系数值若介于0.6~0.65，则信度低；α系数值越靠近1，则信度越高。本次问卷的信度可以从表3.1看出，α系数值为0.844，这说明该问卷具有较高的信度。

表3.1　内部一致性系数

类别	类型	数量/份	占比/%
样本	有效问卷	1 077	100.0
	无效问卷	0	0
	总数	1 077	100.0
一致性系数	题项数		
0.884	89		

五、效度考察

效度（validity）是指测验结果的正确程度，简单来说是指一个测验能够测量它所想要测量的心理特征的程度。效度可分为内容效度（content validity）、效标关联效度（criterion-related validity）与构建效度。内容效度只是测验内容的代表性或抽样的适当性；效标关联效度是用经验性的方法，研究测验结果与外在效标间的关系；构建效度指测验或量表理论上的构想或特征程度（阿纳斯塔西，1988）。统计学上，检验构建效度的最常用方法是因素分析法[88]。

根据凯撒（Kaiser，1974）的观点，题项间是否适合进行因素分析，可从取样适切性量数（Kaiser-Meyer-Olkin measure of sampling adequacy；KMO）值的大小来判别。KMO 指标介于 0 至 1 之间，当 KMO 值越靠近 1，则越适合进行因素分析[89]。本研究对问卷进行了因素分析，其 KMO 指标值为 0.963，说明本问卷的因素分析适切性是极佳的（见表 3.2）。此外，各因素与总分的相关性应高于各因素之间的相关。本问卷中各维度的相关性见表 3.3。

表 3.2　KMO 和巴特利的检验

KMO 度量		0.963
巴特利球状检验	近似卡方	5.824E4
	df	3 916
	Sig.	0.000

表 3.3　问卷各维度之间的相关性

维度	相关性	专业能力	专业知识	专业理念与师德	教育资源	利用资源
专业能力	皮尔森相关系数	1	0.818**	0.584**	0.649**	0.657**
	显著性（双尾）		0.000	0.000	0.000	0.000
	N	1 077	1 077	1 077	1 077	1 077
专业知识	皮尔森相关系数	0.818**	1	0.629**	0.620**	0.606**
	显著性（双尾）	0.000		0.000	0.000	0.000
	N	1 077	1 077	1 077	1 077	1 077
专业的理念与师德	皮尔森相关系数	0.584**	0.629**	1	0.427**	0.470**
	显著性（双尾）	0.000	0.000		0.000	0.000
	N	1 077	1 077	1 077	1 077	1 077
教育资源	皮尔森相关系数	0.649**	0.620**	0.427**	1	0.687**
	显著性（双尾）	0.000	0.000	0.000		0.000
	N	1 077	1 077	1 077	1 077	1 077

表3.3（续）

维度	相关性	专业能力	专业知识	专业理念与师德	教育资源	利用资源
利用资源	皮尔森相关系数	0.657**	0.606**	0.470**	0.687**	1
	显著性（双尾）	0.000	0.000	0.000	0.000	
	N	1 077	1 077	1 077	1 077	1 077

注：* $P<0.05$，** $P<0.01$，*** $P<0.001$。

从表中可以看出专业能力、专业知识、专业理念与师德、教育资源、利用资源这几个维度中 p 值均为 0.000（$p=0.000<0.001$）说明这几个维度之间呈显著相关，即这几个维度之间具有很高的相关性，也进一步说明问卷的同质性较好。

第二节　少数民族地区农村教师的基本情况

少数民族地区是指少数民族居住的民族自治区域，有时也仅指有众多少数民族聚居的地方。本研究选取了具有众多少数民族聚居的贵州省作为调查对象。

贵州是我国的一个少数民族大省，少数民族人口众多，少数民族的民族数量排全国第二。贵州省共有 49 个少数民族，有 3 个民族自治州、11 个民族自治县，少数民族自治地区的面积为 9.78 万平方千米，占全省面积的 55.5%。同时，贵州省还有 253 个民族乡。因此，本次研究选取贵州省乡镇及以下的中小学教师为对象进行调查。

通过对回收的 1 077 份有效问卷进行统计后得知少数民族地区农村教师的性别情况（见表 3.4）。

表 3.4　少数民族地区农村教师的性别情况

性别	频率	百分比/%
男	494	45.9
女	583	54.1
合计	1 077	100

此外，调查主要针对乡镇及以下的教师，包括乡镇（中心）学校和村校

（教学点），具体的分布情况如图 3.1 所示。

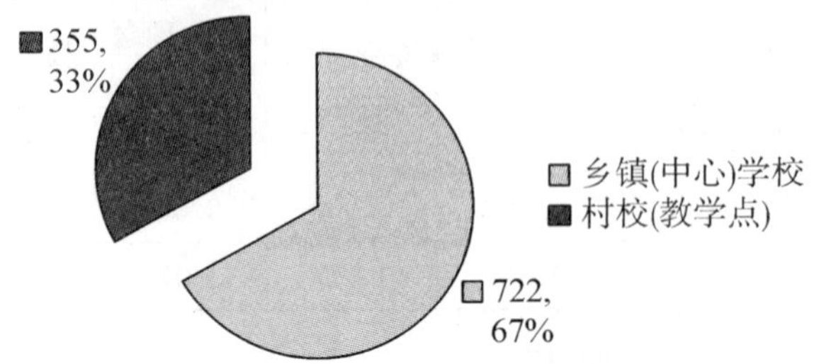

图 3.1　少数民族地区农村教师分布情况

由图 3.1 可以看出，少数民族地区农村教师的分布不均衡，乡镇（中心）学校的教师人数远高于村校（教学点）的教师人数。就目前而言，许多村里的学校都已经被撤掉，合并到乡镇（中心）学校，这可能是导致村校（教学点）教师人数较少的原因之一。

接受本次问卷调查的少数民族地区农村教师主要有小学教师、初中教师以及高中教师。笔者通过调查发现，各任教学段的教师数量有所不同，农村教师的具体任教学段情况如图 3.2 所示。

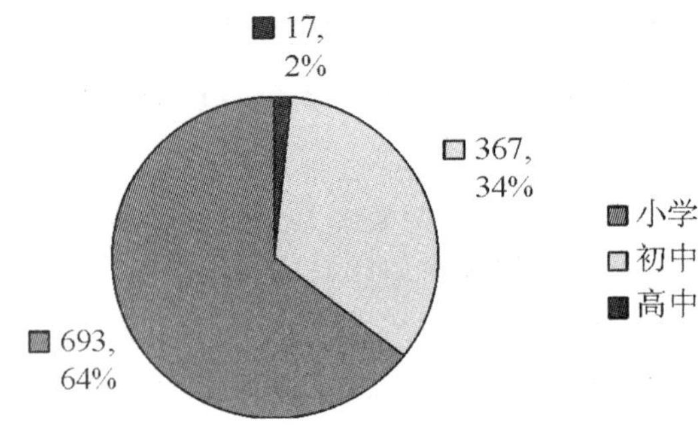

图 3.2　少数民族地区农村教师任教学段情况

由以上的数据可看出，现阶段少数民族地区农村教师队伍中，有 64%的教师在小学任教，初中学段任教的教师占 34%，高中学段的教师仅为 2%。这在一定程度上说明少数民族农村地区欠缺中学教育，许多乡镇上仅有初中，缺乏高中教育，少数民族地区农村的孩子大多在乡镇学校完成初中学业后，继而转向县城或者其他具有高中办学规模的地方求学。

在调查过程中，笔者还解了少数民族地区农村教师的教龄情况，具体如表 3.5 所示。

表 3.5　少数民族地区农村教师教龄情况

教龄	频率	百分比/%
1~5 年	311	28.9
6~10 年	185	17.2
11~15 年	178	16.5
16~20 年	148	13.7
21~25 年	108	10.0
26~30 年	63	5.8
31 年及以上	84	7.8
合计	1 077	100

由表 3.5 中的数据可以看出，教龄为 1~5 年的教师人数最多，占比 28.9%，其次是教龄为 6~10 年的教师人数，占比 17.2%。在教龄为 1~5 年到 26~30 年期间，教师人数呈下降趋势，说明教龄越长，教师人数越少，这可能是因为随着教龄的增加，有一部分教师调到条件更好的地区了。但教龄为 31 年及以上的教师反而比教龄为 26~30 年的人数多，这可能是因为部分教龄长、年龄也偏大的教师选择坚守在农村。

少数民族地区农村教师的年龄分布如图 3.3 所示。

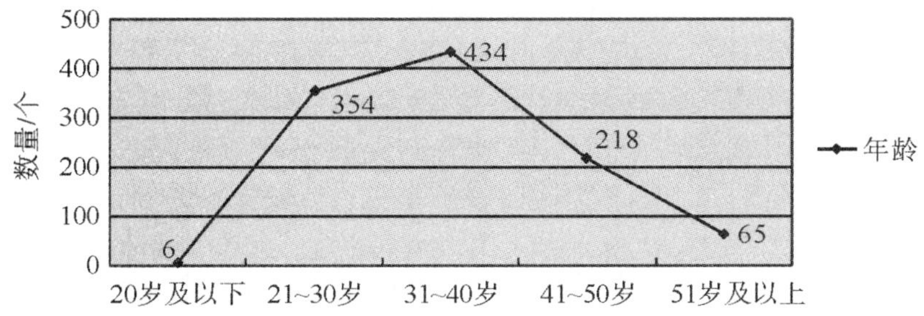

图 3.3　少数民族地区农村教师年龄情况

从图 3.3 中可以看出，年龄为 31~40 岁的教师人数最多，其次的排序是："21~30 岁" > "41~50 岁" > "51 岁及以上" > "20 岁及以下"。从图 3.3 中还可以较明显地看出，少数民族地区农村教师的年龄分布基本服从正态分布，说明少数民族地区农村教师的年龄分布较合理。

通过调查，笔者了解了少数民族地区农村教师的所学专业与其任教学科是否一致的情况，具体如图 3.4 所示。

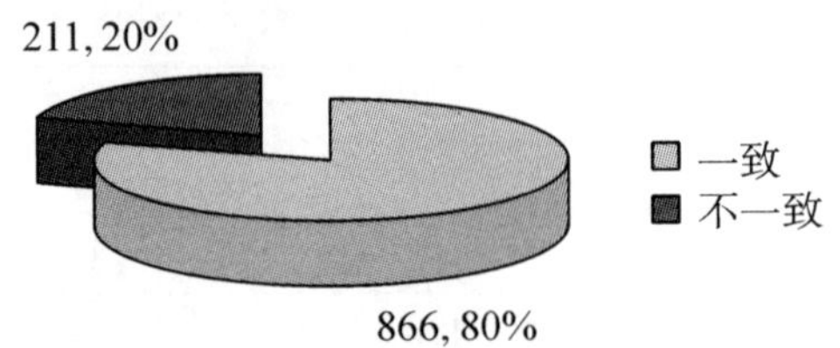

图 3.4　少数民族地区农村教师所学专业与任教学科一致性的情况

由图 3.4 可明显看出，少数民族地区有 80%以上的农村教师所学专业与自己任教的学科是一致的，有 20%的教师所学专业与任教学科不一致。这很有可能是由于少数民族地区农村学校缺乏相应学科的师资，尤其是缺乏英语、音乐、体育、美体等学科教师，因此部分教师承担了其他与自己专业不太相关的教学任务。

第四章　少数民族地区农村教师“体制化资本”现状

体制化资本的形式主要体现在教育制度的安排，它包含了学历证书、学位证书、职称证书、资格证书、等级证书（计算机、普通话、外语等）、荣誉证书（不同级别：校级、县级、市级、州级、省级、国家级；不同类别：教学类、管理类、科研类、综合类）。

第一节　少数民族地区农村教师获学历学位证书情况

一、少数民族地区农村教师获学历证书情况

教师获学历证书类别主要包括中专毕业证、大专毕业证、本科毕业证、研究生毕业证，以及未取得学历证书。少数民族地区农村教师获学历证书情况如表 4. 1 所示。

表 4. 1　少数民族地区农村教师获学历证书情况

证书	人数/人	百分比/%	有效的百分比/%	累计百分比/%
中专毕业证	17	1. 6	1. 6	1. 6
大专毕业证	213	19. 7	19. 7	21. 3
本科毕业证	843	78. 3	78. 3	99. 6
研究生毕业证	2	0. 2	0. 2	99. 8
无	2	0. 2	0. 2	100. 0
总计	1 077	100. 0	100. 0	

由表 4. 1 可以看出，少数民族地区农村师资在学历方面较均衡，在本次调

查的1 077位老师当中，有843位教师已经获得大学本科学历，占总人数的78.3%；获得大专学历的教师有213位，占比为19.7%；总体学历情况较为乐观，但也存在少数中专学历的教师，此外，少数民族地区缺乏高学历层次的教师，具有研究生学历的教师少之又少，仅有2位。

（一）少数民族地区不同性别的农村教师获学历证书的情况

为了了解少数民族地区不同性别的农村教师在学历证书的获得方面的情况，笔者进行了如表4.2所示的分析：

表4.2　少数民族地区不同性别的农村教师获学历证书情况

性别		学历证书级别					总计
		研究生毕业证	本科毕业证	大专毕业证	中专毕业证	无	
男	数量/个	2	354	122	16	0	494
	百分比/%	0.4	71.7	24.7	3.2	0	100.0
女	数量/个	0	489	91	1	2	583
	百分比/%	0	84.0	15.6	0.2	0.2	100.0

通过表4.2的数据可以看出，首先，从研究生毕业证书的获得情况来看，少数民族地区农村学校获得研究生毕业证书的均是男教师，占比0.4%；其次，少数民族地区农村学校的女教师存在未取得学历证书的情况。《中华人民共和国教师法》（以下简称《教师法》）第十一条规定：取得教师资格应当具备相应的学历，有0.2%的女教师未取得学历证书，这违反了《教师法》的规定。

（二）少数民族地区不同类别学校的农村教师获学历证书的情况

为了了解少数民族地区不同类别学校的农村教师在学历证书获得方面的情况，笔者进行了如表4.3所示的分析。分析发现：村校（教学点）教师与乡镇（中心）校教师在获“学历证书”方面存在明显的差距。

表4.3　少数民族地区不同类别学校的农村教师获学历证书情况

类别		学历证书级别					总计
		研究生毕业证	本科毕业证	大专毕业证	中专毕业证	无	
乡镇（中心）校	数量/个	2	593	120	7	0	722
	百分比/%	0.3	82.1	16.6	1.0	0	100.0

表4.3(续)

类别		学历证书级别					总计
		研究生毕业证	本科毕业证	大专毕业证	中专毕业证	无	
村校（教学点）	数量/个	0	250	93	10	2	355
	百分比/%	0	70.4	26.2	2.8	0.6	100.0

从表4.3可看出：少数民族地区村校（教学点）教师获得的本科及以上的毕业证书量低于乡镇（中心）校教师，其中，村校（教学点）教师的本科毕业证书获得量比乡镇（中心）校教师少11.7%，无教师获得研究生学历；同时，村校（教学点）存在教师未取得学历证书的情况。《教师法》第十一条规定：取得教师资格应当具备相应的学历，村校（教学点）有0.6%的教师未取得学历证书，这违反了《教师法》的规定。

（三）少数民族地区不同任教学段的农村教师获学历证书的情况

为了了解少数民族地区不同任教学段的农村教师在学历证书获得方面的情况，笔者进行了如表4.4所示的分析：

表4.4　少数民族地区不同任教学段的农村教师获学历证书情况

任教学段		学历证书级别					总计
		研究生毕业证	本科毕业证	大专毕业证	中专毕业证	无	
高中	数量/个	1	15	1	0	0	17
	百分比/%	5.9	88.2	5.9	0	0	100.0
初中	数量/个	0	332	35	0	0	367
	百分比/%	0	90.5	9.5	0	0	100.0
小学	数量/个	1	496	177	17	2	693
	百分比/%	0.1	71.6	25.5	2.5	0.3	100.0

由表4.4可看出，少数民族地区农村学校的小学教师人数最多，其次是初中教师的人数，最少的是高中教师。这与少数民族地区农村教育的实际情况相符，农村地区的高中学校较少，仅少数乡镇设有高中教学点。从表4.4还可看出，少数民族地区农村的高中教师和初中教师的学历多集中在本科，这两个任教学段具有本科学历的教师占比高于小学阶段的。少数民族地区农村小学教师

的学历多集中在中专、大专以及本科，中专、大专学历的小学教师的占比远远高于初中和高中的教师，同时，小学教师还有未取得毕业证的情况。

（四）少数民族地区不同教龄的农村教师获学历证书的情况

为了了解少数民族地区不同教龄的农村教师在学历证书的获得方面的情况，笔者进行了如表 4.5 所示的分析：

表 4.5　少数民族地区不同教龄的农村教师获学历证书情况

教龄		学历证书级别					总计
		研究生毕业证	本科毕业证	大专毕业证	中专毕业证	无	
1~5 年	数量/个	0	287	22	1	1	311
	百分比/%	0	92.3	7.1	0.3	0.3	100.0
6~10 年	数量/个	0	165	20	0	0	185
	百分比/%	0	89.2	10.8	0	0	100.0
11~15 年	数量/个	1	146	31	0	0	178
	百分比/%	0.6	82.0	17.4	0	0	100.0
16~20 年	数量/个	0	113	32	2	1	148
	百分比/%	0	76.3	21.6	1.4	0.7	100.0
21~25 年	数量/个	0	68	38	2	0	108
	百分比/%	0	63.0	35.2	1.8	0	100.0
26~30 年	数量/个	1	29	29	4	0	63
	百分比/%	1.6	46.0	46.0	6.4	0	100.0
31 年及以上	数量/个	0	35	41	8	0	84
	百分比/%	0	41.7	48.8	9.5	0	100.0

从表 4.5 中教龄与学历证书获得的情况来看，少数民族地区农村教师总体的学历情况在教龄上分布较均衡，多数教师的学历都集中在大专和本科层次，其中，30 年教龄以下的农村教师本科层次占比较大，31 年及以上教龄的农村教师是大专学历的占比相对较高。

（五）少数民族地区不同年龄的农村教师获学历证书的情况

为了了解少数民族地区不同年龄的农村教师在学历证书的获得方面的情况，笔者进行了如表 4.6 所示的分析：

表 4.6　少数民族地区不同年龄的农村教师获学历证书情况

年龄		学历证书级别					总计
		研究生毕业证	本科毕业证	大专毕业证	中专毕业证	无	
20 岁及以下	数量/个	0	4	1	1	0	6
	百分比/%	0	66.6	16.7	16.7	0	100.0
21～30 岁	数量/个	0	329	24	0	1	354
	百分比/%	0	92.9	6.8	0	0.3	100.0
31～40 岁	数量/个	1	361	71	1	0	434
	百分比/%	0.2	83.2	16.4	0.2	0	100.0
41～50 岁	数量/个	1	125	83	8	1	218
	百分比/%	0.5	57.3	38.1	3.6	0.5	100.0
51 岁及以上	数量/个	0	24	34	7	0	65
	百分比/%	0	36.9	52.3	10.8	0	100.0

从表 4.6 中年龄与学历证书获得的情况来看，少数民族地区农村教师总体的学历情况在年龄上分布较均衡，多数教师的学历都集中在大专和本科层次，其中，50 岁及以下的农村教师为本科学历的占比较大，51 岁及以上的农村教师为大专学历的占比相对较高。同时，获得高学历证书的老师大多集中在 31～40 岁、41～50 岁这两个阶段，这可能是从事教师职业后的学历提升。

二、少数民族地区农村教师获学位证书情况

教师获学位证书的类别主要包括学士学位证书、硕士学位证书、博士学位证书和无学位证书。少数民族地区农村教师获学位证书情况如表 4.7 所示。

表 4.7　少数民族地区农村教师的最高学位证书情况

证书类别		人数/人	百分比/%	有效的百分比/%	累计百分比/%
有效	学士学位证书	365	33.9	33.9	33.9
	硕士学位证书	3	0.3	0.3	34.2
	博士学位证书	1	0.1	0.1	34.3
	无学位证书	708	65.7	65.7	100.0
	总计	1 077	100.0	100.0	

由表 4.7 可以看出，少数民族地区农村教师在学位方面存在不均衡现象，在

被调查的 1 077 位老师当中，有 708 位教师未获得学位证书，占总人数的 65.7%；而获得学士学位证书的教师有 365 位，占比为 33.9%；仅 4 位教师获得硕士及以上的学位证书。可见，少数民族地区农村教师的总体学位证获得的情况不太乐观。

（一）少数民族地区不同性别的农村教师获学位证书的情况

为了了解少数民族地区不同性别的农村教师学位证书的获得的情况，笔者进行了如表 4.8 的分析：

表 4.8　少数民族地区不同性别的农村教师获学位证书情况

性别		学历证书级别				总计
		博士学位证	硕士学位证	学士学位证	无	
男	数量/个	1	2	109	382	494
	百分比/%	0.2	0.4	22.1	77.3	100.0
女	数量/个	0	1	256	326	583
	百分比/%	0	0.2	43.9	55.9	100.0

根据表 4.8 中的数据，从硕士学位以上的证书获得情况来看，少数民族地区农村学校获得高学历占比较大的是男教师，这可能与从事教师职业后的学历提升机会有一定的关系。由于女教师母性角色的特殊性，她们除了要将精力投入在教育事业及教师的专业发展以外，还需将精力分配在对家庭与孩子的照顾中，这可能是女教师入职后专业提升的机会少于男教师的原因之一，所以获得高学位证书的女教师人数的比例要低于男教师；同时，农村学校的女教师在学士学位证书获得量的占比要比男教师高出 21.8%，且男教师未获得学位证书率比女教师高出 21.4%。

（二）少数民族地区不同类别学校的农村教师获学位证书的情况

少数民族地区不同类别学校的农村教师获学位证书的情况如表 4.9 所示。

表 4.9　少数民族地区不同类别学校的农村教师获学位证书情况

类别		学历证书级别				总计
		博士学位证	硕士学位证	学士学位证	无	
乡镇（中心）校	数量/个	1	2	261	458	722
	百分比/%	0.1	0.3	36.2	63.4	100.0

表4.9(续)

类别		学历证书级别				总计
		博士学位证	硕士学位证	学士学位证	无	
村校（教学点）	数量/个	0	1	104	250	355
	百分比/%	0	0.3	29.3	70.4	100.0

表4.9可知：第一，从硕士学位证书与博士学位证书的获得的总体情况来看，少数民族地区乡镇（中心）校获得高学位证书的教师比村校（教学点）多；同时，乡镇（中心）校有教师获得博士学位证书，而村校（教学点）则没有教师获得博士学位证书。第二，从未获得学位证书的情况来看，乡镇（中心）校教师有63.4%的教师未获得职称证书；村校（教学点）有70.4%的教师未获得职称证书，比乡镇（中心）校教师多7%。由此可见，村校（教学点）教师在高学位证书获得方面低于乡镇（中心）校教师，而无学位证书的教师则多于乡镇（中心）校。

（三）少数民族地区不同任教学段的农村教师获学位证书的情况

少数民族地区不同任教学段的农村教师获学位证书的情况如表4.10所示。

表4.10　少数民族地区不同任教的农村教师获学位证书情况

任教学段		学历证书级别				总计
		博士学位证	硕士学位证	学士学位证	无	
高中	数量/个	1	1	10	5	17
	百分比/%	5.9	5.9	58.8	29.4	100.0
初中	数量/个	0	0	137	230	367
	百分比/%	0	0	37.3	62.7	100.0
小学	数量/个	0	0	219	474	693
	百分比/%	0	0	31.6	68.4	100.0

通过表4.10中的数据可以看出，少数民族地区农村教师获得高学位证书的均是高中教师，初中教师和小学教师均未获得硕士及以上的学位证书，同时，高中教师未获得学位证书的占比低于初中教师和小学教师，而初中教师和小学教师未获得学位证书的教师占比均大于60%，说明农村地区较多的初中教师和小学教师的学位获得情况不乐观。这可能与各任教学段教师的工作性质及

挑战性有关，高中教师面临的升学压力迫使其不断地进行学历和学位的提升。

（四）少数民族地区不同教龄的农村教师获学位证书的情况

为进一步了解少数民族地区农村教师的教龄与学位之间的关系，笔者进行了如表 4.11 所示的分析。

表 4.11　少数民族地区农村教师不同教龄的农村教师获学位证书情况

教龄		学历证书级别				总计
		博士学位证	硕士学位证	学士学位证	无	
1~5 年	数量/个	0	0	252	59	311
	百分比/%	0	0	81.0	19	100.0
6~10 年	数量/个	0	1	71	113	185
	百分比/%	0	0.5	38.4	61.1	100.0
11~15 年	数量/个	1	0	22	155	178
	百分比/%	0.6	0	12.3	87.1	100.0
16~20 年	数量/个	0	0	7	141	148
	百分比/%	0	0	4.7	95.3	100.0
21~25 年	数量/个	0	1	4	103	108
	百分比/%	0	0.9	3.7	95.4	100.0
26~30 年	数量/个	0	1	4	58	63
	百分比/%	0	1.6	6.3	92.1	100.0
31 年及以上	数量/个	0	0	5	79	84
	百分比/%	0	0	6.0	94.0	100.0

由表 4.11 可明显看出，少数民族地区农村教师获得学士学位证书较多的是教龄为 1~5 年的教师，其次是教龄为 6~10 年的教师。同时，学士学位证书的获得量随着教龄的增长而减少，这在一定程度上能说明教龄较长的教师学历和学位都不太高，教龄较短、新入职的教师大多数都已获得学士学位证书。此外，未获得学士学位证书的教师中，教龄为 1~5 年的教师数量较少，这可能和目前对教师入职时的高要求有一定的关系。

（五）少数民族地区不同年龄的农村教师获学位证书的情况

为进一步了解少数民族地区农村教师的年龄与学位之间的关系，笔者进行了如表 4.12 所示的分析。

表 4.12　少数民族地区不同年龄的农村教师获学位证书情况

年龄		学历证书级别				总计
		博士学位证	硕士学位证	学士学位证	无	
20 岁及以下	数量/个	0	0	2	4	6
	百分比/%	0	0	33.3	66.7	100.0
21~30 岁	数量/个	0	1	259	94	354
	百分比/%	0	0.3	73.1	26.6	100.0
31~40 岁	数量/个	1	0	94	339	434
	百分比/%	0.2	0	21.7	78.1	100.0
41~50 岁	数量/个	0	2	8	208	218
	百分比/%	0	0.9	3.7	95.4	100.0
51 岁及以上	数量/个	0	0	2	63	65
	百分比/%	0	0	3.1	96.9	100.0

由表 4.12 可明显看出，少数民族地区农村教师的年龄大多集中在 20 岁及以上，且学位层次多集中在学士学位，获得学士学位证书较多的是 21~30 岁的教师，占比为 73.1%。未获得学位证书的教师多集中在 51 岁及以上，占该年龄段总人数的 95.4%，这可能是因为这个年龄段的教师大专学历人数较多，因此，获得学士学位证书的人数较少。

第二节　少数民族地区农村教师获职称证书情况

中小学教师职称的设置包括五个等级，分别为正高级教师、高级教师、一级教师、二级教师、三级教师，考虑到少数民族地区农村学校新教师较多，笔者在设计问卷的时候加上了无教师职称证书的选项，最终得出的少数民族地区农村教师获得职称证书的情况如图 4.1 所示。

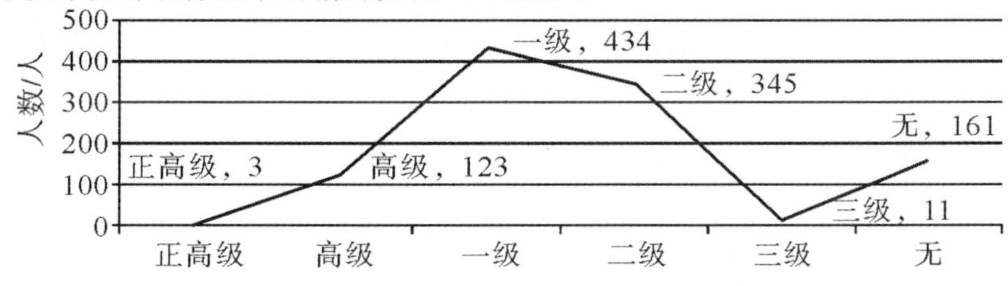

图 4.1　少数民族地区农村教师获职称证书的情况

由图 4. 1 可以看出，一级教师占比最高，达到 40. 3%；二级教师次之，占比 32%；同时，未评级教师占 14. 9%；高级以上的教师占 11. 7%。教师职称评定的主要作用是激励教师工作的积极性，就目前而言，少数民族地区农村教师的职称多集中在一级和二级，高级职称数量较少，这种情况说明学校应积极鼓励教师在职称方面进行提升。

（一） 少数民族地区不同性别的农村教师获职称证书的情况

为了解少数民族地区不同性别的农村教师职称证书的获得的情况，笔者进行了如表 4. 13 的分析。

表 4. 13　少数民族地区不同性别的农村教师获职称证书的情况

性别		职称证书级别						总计
		正高级	高级	一级	二级	三级	无	
男	数量/个	2	98	228	124	4	38	494
	百分比/%	0. 4	19. 8	46. 2	25. 1	0. 8	7. 7	100. 0
女	数量/个	1	25	206	221	7	123	583
	百分比/%	0. 2	4. 3	35. 3	37. 9	1. 2	21. 1	100. 0

由表 4. 13 可见：第一，从一级职称证书、高级职称证书以及正高级职称证书的获得情况来看，少数民族地区获得一级职称证书的农村男教师比女教师多 0. 9%，获得高级职称证书的男教师比女教师多 15. 5%，获得正高级职称证书的男教师比女教师多 0. 2%；第二，少数民族地区获得二级职称证书的农村男教师比女教师少 12. 8%，获得三级职称证书的男教师比女教师少 0. 4%，未获得职称证书的男教师比女教师少 13. 4%。也就是说，少数民族地区农村男教师在高级职称证书获得方面高于女教师，而无职称证书的男教师则少于女教师。

（二） 少数民族地区不同类别学校的农村教师获职称证书的情况

笔者经过分析发现：少数民族地区村校（教学点）教师与乡镇（中心）校教师在“职称证书”获得方面存在明显差距，具体情况如表 4. 14 所示。

表 4.14　少数民族地区村校（教学点）与乡镇（中心）校教师获职称证书情况

类别		职称证书级别						总计
		正高级	高级	一级	二级	三级	无	
乡镇（中心）校	数量/个	3	93	285	241	7	93	722
	百分比/%	0.4	12.9	39.5	33.4	0.9	12.9	100.0
村校（教学点）	数量/个	0	30	149	104	4	68	355
	百分比/%	0	8.4	42.0	29.3	1.1	19.2	100.0

根据表 4.14 可见：第一，从高级职称证书与正高级职称证书的获得情况来看，少数民族地区乡镇（中心）校获得高级职称证书的教师比村校（教学点）的教师多 4.5%；同时，乡镇（中心）校有 0.4%的教师获得正高级职称证书，而村校（教学点）则没有教师获得正高级职称证书。第二，从未获得职称证书的情况来看，乡镇（中心）校教师有 12.9%的教师未获得职称证书，而村校（教学点）有 19.2%的教师未获得职称证书。由此可见，少数民族地区村校（教学点）教师在高职称证书获得方面低于乡镇（中心）校教师，而无职称证书的教师则多于乡镇（中心）校。

（三）少数民族地区不同任教学段的农村教师获职称证书的情况

少数民族地区不同任教学段的农村教师在职称证书获得方面具体情况如表 4.15 所示。

表 4.15　少数民族地区不同任教学段的农村教师获职称证书情况

任教学段		职称证书级别						总计
		正高级	高级	一级	二级	三级	无	
高中	数量/个	1	2	5	8	1	0	17
	百分比/%	5.9	11.8	29.4	47.0	5.9	0	100.0
初中	数量/个	1	65	152	126	1	22	367
	百分比/%	0.3	17.7	41.4	34.3	0.3	6.0	100.0
小学	数量/个	1	56	277	211	9	139	693
	百分比/%	0.1	8.1	40.0	30.4	1.3	20.1	100.0

从表 4.15 可以看出，少数民族地区高中学段的农村教师均已获评三级及

以上的职称，其中，获评二级及以上职称的高中教师人数比例逐渐降低。同时，初中学段的教师获评职称的人数比例比小学学段的教师高出 14.1%。

（四）少数民族地区不同教龄的农村教师获职称证书的情况

少数民族地区不同教龄的农村教师在职称证书获得方面的情况，如表 4.16 所示。

表 4.16　少数民族地区不同教龄的农村教师获职称证书情况

教龄		职称证书级别						总计
		正高级	高级	一级	二级	三级	无	
1~5 年	数量/个	0	3	5	159	8	136	311
	百分比/%	0	1.0	1.6	51.1	2.6	43.7	100.0
6~10 年	数量/个	0	0	46	125	1	13	185
	百分比/%	0	0	24.9	67.6	0.5	7.0	100.0
11~15 年	数量/个	2	3	133	35	1	4	178
	百分比/%	1.1	1.7	74.7	19.7	0.6	2.2	100.0
16~20 年	数量/个	0	22	111	13	0	2	148
	百分比/%	0	14.8	75.0	8.8	0	1.4	100.0
21~25 年	数量/个	1	39	63	2	0	3	108
	百分比/%	0.9	36.1	58.3	1.9	0	2.8	100.0
26~30 年	数量/个	0	29	28	5	0	1	63
	百分比/%	0	46.0	44.5	7.9	0	1.6	100.0
31 年及以上	数量/个	0	27	48	6	1	2	84
	百分比/%	0	32.1	57.1	7.2	1.2	2.4	100.0

如表 4.16 所示，教龄为 1~5 年的农村教师在职称上未评级的人数是整个少数民族地区农村教师未评职称人数最多的，占比 43.7%，其次是教龄为 6~10 年的教师。对于高级职称而言，大多为教龄在 16 年及以上的教师，从表中也能看到，有极少部分获得高级职称的教师是教龄在 1~5 年和 11~15 年的，这在一定程度上说明教龄较低的教师也有机会评聘高级职称，但少数民族地区的农村教师在这方面表现还不够突出。

第三节　少数民族地区农村教师获资格证书情况

教师的资格证书主要是指教师资格证，它是教育行业从业教师的许可证。教师资格证主要包括七个等级：幼儿园教师资格证、小学教师资格证、初级中学教师资格证、高级中学教师资格证、中等职业学校教师资格证、高等学校教师资格证、成人/大学教育教师资格证。考虑到农村教师可能有未获得教师资格证的情况，笔者在问卷中设计了“无”的选项。少数民族地区农村教师获得资格证书的情况如图 4. 2 所示。

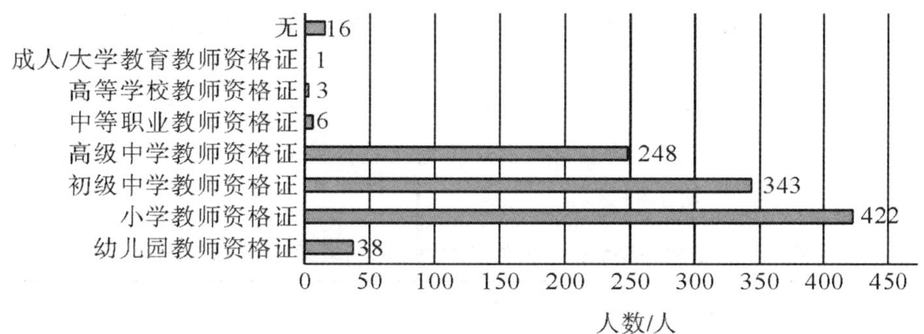

图 4. 2　少数民族地区农村教师资格证书情况

本次调查的对象主要涉及农村小学教师、初中教师和高中教师，结合图 4. 2 可明显看出，少数民族地区的农村学校中，小学教师资格证的获得量最大，占比 39. 2%；其次是初中和高中，占比分别为 31. 8%、23%；同时，有 1. 5%的农村教师未取得教师资格，有 3. 5%的教师获取的是幼儿园教师资格证书。

（一）少数民族地区不同性别的农村教师获资格证书的情况

为了了解少数民族地区不同性别的农村教师资格证书获得的情况，笔者进行了如表 4. 17 所示的分析。

表 4. 17　少数民族地区不同性别的农村教师获资格证书情况

性别		资格证书								总计
		无	幼儿园教师资格证	小学教师资格证	初级中学教师资格证	高级中学教师资格证	中等职业教师资格证	高等学校教师资格证	成人/大学教育教师资格证	
男	数量/个	5	6	205	189	85	1	2	1	494
	百分比/%	1. 0	1. 2	41. 5	38. 3	17. 2	0. 2	0. 4	0. 2	100. 0

表4.17(续)

性别		资格证书								总计
		无	幼儿园教师资格证	小学教师资格证	初级中学教师资格证	高级中学教师资格证	中等职业教师资格证	高等学校教师资格证	成人/大学教育教师资格证	
女	数量/个	11	32	217	154	163	5	1	0	583
	百分比/%	1.9	5.5	37.2	26.4	28.0	0.8	0.2	0	100.0

由表4.17可以看出，少数民族地区农村男教师取得小学教师资格证的人数比例最高，其次是取得初级中学教师资格证和高级中学教师资格证的人数比例；同时，女教师也是取得小学教师资格证的人数比例最高，其次是取得初级中学教师资格证和高级中学教师资格证的人数比例。从表4.17还可看出，少数民族地区农村女教师在幼儿园教师资格证、小学教师资格证、高级中学教师资格证、中等职业教师资格证的获得上高于男教师，在初级中学教师资格证、高等学校教师资格证、成人/大学教育教师资格证的获得上低于男教师。

（二）少数民族地区不同类别学校的农村教师获资格证书的情况

为了了解少数民族地区不同类别学校的农村教师资格证书获得的情况，笔者进行了如表4.18所示的分析。

表4.18　少数民族地区不同类别学校的农村教师获资格证书情况

类别		资格证书								总计
		无	幼儿园教师资格证	小学教师资格证	初级中学教师资格证	高级中学教师资格证	中等职业教师资格证	高等学校教师资格证	成人/大学教育教师资格证	
乡镇（中心）校	数量/个	5	23	220	281	183	6	3	1	722
	百分比/%	0.7	3.2	30.5	39.0	25.3	0.8	0.4	0.1	100.0
村校（教学点）	数量/个	11	15	202	62	65	0	0	0	355
	百分比/%	3.1	4.2	56.9	17.5	18.3	0	0	0	100.0

由表4.18可见，少数民族地区乡镇（中心）校教师获得资格证书量最多的是初级中学教师资格证，其次为小学教师资格证和高级中学教师资格证；村校（教学点）教师获得资格证书量最多的是小学教师资格证，其次为高级中学教师资格证和初级中学教师资格证。通过表4.18还可看出，村校（教学点）未取得教师资格证的教师人数比例比乡镇（中心）校高2.4%，这说明村校（教学点）未取得教师资格证的教师人数比例高于乡镇（中心）校。

（三）少数民族地区不同任教学段的农村教师获资格证书的情况

少数民族地区不同任教学段的农村教师获得教师资格的情况如表4.19所示。

表 4.19　少数民族地区不同任教学段的农村教师获得教师资格情况

任教学段		资格证书								总计
		无	幼儿园教师资格证	小学教师资格证	初级中学教师资格证	高级中学教师资格证	中等职业教师资格证	高等学校教师资格证	成人/大学教育教师资格证	
高中	数量/个	0	0	0	3	13	0	0	1	17
	百分比/%	0	0	0	17.6	76.5	0	0	5.9	100.0
初中	数量/个	2	0	4	231	125	2	3	0	367
	百分比/%	0.6	0	1.1	62.9	34.1	0.5	0.8	0	100.0
小学	数量/个	14	38	418	109	110	4	0	0	693
	百分比/%	2.0	5.5	60.3	15.7	15.9	0.6	0	0	100.0

由表 4.19 可明显看出，有 17.6%的高中学段教师获得的教师的资格证是初级中学教师资格证；有 1.1%的初中学段教师获得的是小学教师资格证，有 0.6%的初中学段教师未获得教师资格证；有 5.5%的小学学段的教师获得的是幼儿园教师资格证，有 2%的小学学段教师未获得教师资格证。从数据可明显看出，少数民族地区农村教师存在未取得教师资格的现象，同时，也存在任教资格与任教学段不匹配的现象。

（四）少数民族地区不同年龄的农村教师获资格证书的情况

为了了解少数民族地区不同年龄的农村教师资格证书获得的情况，笔者进行了如表 4.20 所示的分析。

表 4.20　少数民族地区不同年龄的农村教师获得教师资格情况

年龄		资格证书								总计
		无	幼儿园教师资格证	小学教师资格证	初级中学教师资格证	高级中学教师资格证	中等职业教师资格证	高等学校教师资格证	成人/大学教育教师资格证	
20 岁及以下	数量/个	1	1	1	2	1	0	0	0	6
	百分比/%	16.7	16.7	16.7	33.2	16.7	0	0	0	100.0
21~30 岁	数量/个	6	32	85	76	154	1	0	0	354
	百分比/%	1.7	9.0	24.0	21.5	43.5	0.3	0	0	100.0
31~40 岁	数量/个	6	3	194	142	83	4	1	1	434
	百分比/%	1.4	0.7	44.7	32.7	19.2	0.9	0.2	0.2	100.0
41~50 岁	数量/个	3	2	112	89	9	1	2	0	218
	百分比/%	1.4	0.9	51.4	40.8	4.1	0.5	0.9	0	100.0
51 岁及以上	数量/个	0	0	30	34	1	0	0	0	65
	百分比/%	0	0	46.2	52.3	1.5	0	0	0	100.0

由表 4.20 可看出，少数民族地区年龄为 20 岁及以下的农村教师获初级中学教师资格证人数的比例最大，占比为 33.2%；年龄为 21~30 岁的农村教师获高级中学教师资格证人数的比例最大，占比为 43.5%；年龄为 31~40 岁的农村教师获小学教师资格证人数的比例最大，占比为 44.7%；年龄为 41~50

岁的农村教师获小学教师资格证人数的比例最大，占比为 51.4%；年龄为 51 岁及以上的农村教师获初级中学教师资格证人数的比例最大，占比为 52.3%。

从表 4.20 还可看出，少数民族地区未获得教师资格证书主要是集中在年龄为 20 岁及以下的教师，同时，21~30 岁、31~40 岁、41~50 岁年龄阶段分别有 1.7%、1.4%、1.4%的教师未获得教师资格证书；年龄为 51 岁及以上的农村教师没有未取得教师资格证书的情况。

第四节　少数民族地区农村教师获等级证书情况

教师主要的等级证书包括普通话等级证书、计算机等级证书以及英语等级证书，其中，普通话证书有六个等级，一级甲等、一级乙等、二级甲等、二级乙等、三级甲等、三级乙等；计算机等级有国家一级、国家二级、国家三级、国家四级；英语等级有大学英语四级、大学英语六级、专业英语四级、专业英语八级、职称外语 A 级、职称外语 B 级，考虑到农村教师可能有未获得等级证书的情况，所以在问卷中均设计了“未获得等级证书”的选项。

一、少数民族地区农村教师获普通话证书情况

少数民族地区农村教师获等级证书的情况如表 4.21 所示。

表 4.21　少数民族地区农村教师获普通话等级证书的情况

等级	频率	百分数/%	有效百分比/%	累计百分比/%
一级甲等	3	0.3	0.3	0.3
一级乙等	14	1.3	1.3	1.6
二级甲等	224	20.8	20.8	22.4
二级乙等	604	56.1	56.1	78.5
三级甲等	217	20.1	20.1	98.6
三级乙等	10	0.9	0.9	99.5
无	5	0.5	0.5	100.0
总计	1 077	100.0	100.0	

由表 4.21 可以看出，少数民族地区农村教师普通话证书获得量最多的是二级乙等，二级乙等及以上的证书数量占比为 78.5%。普通话证书在一定程度

上能证明教师们的普通话水平，由调查结果可以看出，少数民族地区农村教师的普通话水平总体呈现出良好的状态。

（一）少数民族地区不同性别的农村教师获普通话证书的情况

为了了解少数民族地区不同性别的农村教师普通话证书获得的情况，笔者进行了如表 4.22 所示的分析。

表 4.22　少数民族地区不同性别的农村教师获普通话证书情况

性别		普通话证书等级							总计
		一级甲等	一级乙等	二级甲等	二级乙等	三级甲等	三级乙等	无	
男	数量/个	1	3	56	262	165	6	1	494
	百分比/%	0.2	0.6	11.3	53.1	33.4	1.2	0.2	100.0
女	数量/个	2	11	168	342	52	4	4	583
	百分比/%	0.3	1.9	28.8	58.7	8.9	0.7	0.7	100.0

由表 4.22 可见，少数民族地区农村男教师获得二级乙等及以上等级普通话证书的人数比例为 65.2%，女教师获得二级乙等及以上等级的普通话证书的人数比例为 89.7%。可以看出，获得二级乙等及以上等级的普通话证书的女教师人数比例比男教师人数比例高出 24.5%。同时，少数民族地区农村男教师获得三级甲等及以下等级的普通话证书的人数比例为 34.8%，女教师获得三级甲等及以下等级的普通话证书的人数比例为 10.3%。可以看出，获得三级甲等及以下等级的普通话证书的女教师人数比例比男教师人数比例低 24.5%；此外，男教师未获得普通话等级证书的人数占比为 0.2%，女教师未获得普通话等级证书的人数占比为 0.7%，这说明，女教师未获得普通话等级证书的人数比例高于男教师。

（二）少数民族地区不同类别学校的农村教师获普通话证书的情况

为了了解少数民族地区不同类别学校的农村教师普通话证书获得的情况，笔者进行了如表 4.23 所示的分析。

表 4.23　少数民族地区不同类别学校的农村教师获普通话证书情况

类别		普通话证书等级							总计
		一级甲等	一级乙等	二级甲等	二级乙等	三级甲等	三级乙等	无	
乡镇（中心）校	数量/个	1	10	165	410	130	2	4	722
	百分比/%	0.1	1.4	22.8	56.8	18.0	0.3	0.6	100.0

表4.23(续)

类别		普通话证书等级							总计
		一级甲等	一级乙等	二级甲等	二级乙等	三级甲等	三级乙等	无	
村校（教学点）	数量/个	2	4	59	194	87	8	1	355
	百分比/%	0.6	1.1	16.6	54.6	24.5	2.3	0.3	100.0

由表4.23可知，少数民族地区乡镇（中心）校教师获二级乙等及以上等级的普通话证书的人数比例为81.1%，村校（教学点）教师获二级乙等及以上等级的普通话证书的人数比例为72.9%，可明显看出，乡镇（中心）校教师获二级乙等及以上等级的普通话证书人数的比例高于村校（教学点）教师人数的比例；同时，乡镇（中心）校教师获得三级甲等及以下等级的普通话证书的人数比例为18.9%，村校（教学点）教师获得三级甲等及以下等级的普通话证书的人数比例为27.1%，可以看出，乡镇（中心）校教师获得三级甲等及以下等级的普通话证书的人数比例低于村校（教学点）教师人数的比例；此外，乡镇（中心）校教师未获得普通话等级证书的人数占比为0.6%，村校（教学点）教师未获得普通话等级证书的人数占比为0.3%，可以看出，乡镇（中心）校教师未获得普通话等级证书的人数比例高于村校（教学点）教师。

（三）少数民族地区不同任教学段的农村教师获普通话等级证书的情况

少数民族地区不同任教学段的农村教师获得普通话等级证书的情况如表4.24所示。

表4.24　少数民族地区不同任教学段的农村教师获普通话等级证书情况

任教学段		普通话证书等级							总计
		一级甲等	一级乙等	二级甲等	二级乙等	三级甲等	三级乙等	无	
高中	数量/个	1	1	2	13	0	0	0	17
	百分比/%	5.9	5.9	11.7	76.5	0	0	0	100.0
初中	数量/个	0	5	77	214	67	2	2	367
	百分比/%	0	1.4	21.0	58.3	18.3	0.5	0.5	100.0
小学	数量/个	2	8	145	377	150	8	3	693
	百分比/%	0.3	1.2	20.9	54.4	21.6	1.2	0.4	100.0

从表4.24可看出，高中学段任教教师的普通话水平均在二级乙等以上，初中学段任教教师获得二级乙等及以上等级的普通话证书人数比例为80.7%，小学学段任教教师获得二级乙等及以上等级的普通话证书人数比例为76.8%，

这说明，初中学段任教教师获二级乙等及以上等级的普通话证书的人数比例比高于小学学段任教教师人数的比例；同时，初中学段任教教师获得三级甲等及以下等级的普通话证书的人数比例为19.3%，小学学段任教教师获得三级甲等及以下等级的普通话证书的人数比例为23.2%，这说明，初中学段任教教师获得三级甲等及以下等级的普通话证书的人数比例低于小学学段任教教师；此外，初中学段任教教师未获得普通话等级证书的人数占比为0.5%，小学学段任教教师未获得普通话等级证书的人数占比为0.4%，这说明，初中学段任教教师未获得普通话等级证书的人数比例高于小学学段任教教师。

（四）少数民族地区不同教龄的农村教师获普通话证书的情况

少数民族地区不同教龄的农村教师获得普通话等级证书的情况如表4.25所示。

表4.25 少数民族地区不同教龄的农村教师获普通话等级证书情况

教龄		普通话证书等级							总计
		一级甲等	一级乙等	二级甲等	二级乙等	三级甲等	三级乙等	无	
1~5年	数量/个	2	5	119	180	2	0	3	311
	百分比/%	0.6	1.6	38.3	57.9	0.6	0	1.0	100.0
6~10年	数量/个	0	5	35	127	14	2	2	185
	百分比/%	0	2.7	18.9	68.6	7.6	1.1	1.1	100.0
11~15年	数量/个	1	4	23	109	39	2	0	178
	百分比/%	0.6	2.3	12.9	61.2	21.9	1.1	0	100.0
16~20年	数量/个	0	0	24	81	42	1	0	148
	百分比/%	0	0	16.2	54.7	28.4	0.7	0	100.0
21~25年	数量/个	0	0	13	56	38	1	0	108
	百分比/%	0	0	12.0	51.9	35.2	0.9	0	100.0
26~30年	数量/个	0	0	7	20	34	2	0	63
	百分比/%	0	0	11.1	31.7	54.0	3.2	0	100.0
31年及以上	数量/个	0	0	3	31	48	2	0	84
	百分比/%	0	0	3.6	36.9	57.1	2.4	0	100.0

由表4.25可看出，少数民族地区教龄为1~5年的农村教师获得二级乙等及以上等级的普通话证书人数比例为98.4%，教龄为6~10年的农村教师获得二级乙等及以上等级的普通话证书人数比例为90.2%，教龄为11~15年的农村教师获得二级乙等及以上等级的普通话证书人数比例为77.0%，教龄为16~20年的农村教师获得二级乙等及以上等级的普通话证书人数比例为70.9%，

教龄为21~25年的农村教师获得二级乙等及以上等级的普通话证书人数比例为63.9%，教龄为26~30年的农村教师获得二级乙等及以上等级的普通话证书人数比例为42.8%，教龄为31年及以上的农村教师获得二级乙等及以上等级的普通话证书人数比例为40.5%，可明显看出，农村教师获得二级乙等及以上等级的普通话证书人数的比例与教龄的增长呈反比。

（五）少数民族地区不同年龄的农村教师获普通话证书的情况

少数民族地区不同年龄的农村教师获得普通话等级证书的情况如表4.26所示。

表4.26　少数民族地区不同年龄的农村教师获普通话等级证书情况

年龄		普通话证书等级							总计
		一级甲等	一级乙等	二级甲等	二级乙等	三级甲等	三级乙等	无	
20岁及以下	数量/个	0	0	1	4	0	0	1	6
	百分比/%	0	0	16.7	66.6	0	0	16.7	100.0
21~30岁	数量/个	2	5	123	218	4	0	2	354
	百分比/%	0.6	1.4	34.7	61.6	1.1	0	0.6	100.0
31~40岁	数量/个	1	9	69	266	82	5	2	434
	百分比/%	0.2	2.1	15.9	61.3	18.9	1.1	0.5	100.0
41~50岁	数量/个	0	0	28	97	91	2	0	218
	百分比/%	0	0	12.9	44.5	41.7	0.9	0	100.0
51岁及以上	数量/个	0	0	3	19	40	3	0	65
	百分比/%	0	0	4.6	29.2	61.6	4.6	0	100.0

由表4.26可知，少数民族地区年龄为21~30岁的农村教师获得二级乙等及以上等级的普通话证书人数比例为98.3%，年龄为31~40岁的农村教师获得二级乙等及以上等级的普通话证书人数比例为79.5%，年龄为41~50岁的农村教师获得二级乙等及以上等级的普通话证书人数比例为57.4%，年龄为51岁及以上的农村教师获得二级乙等及以上等级的普通话证书人数比例为33.8%，可明显看出，以21岁为年龄节点，随着农村教师的年龄的增加，获得二级乙等及以上等级的普通话证书人数的比例随之下降。

二、少数民族地区农村教师获英语等级证书获得情况

少数民族地区农村教师的英语等级证书获得情况如图4.3所示。

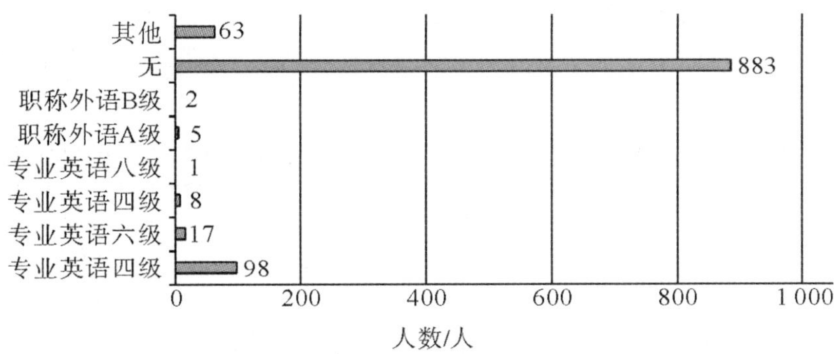

图 4.3　农村教师英语等级证书获得情况

由图 4.3 的数据可得出，约 82%的少数民族地区农村教师未获得英语等级证书，获得大学英语四级以上证书的教师有 11.5%，有 0.6%的农村教师获得职称外语 A、B 级证书，这组数据可充分证明目前农村教师的英语水平不太理想，有待提高。

（一）少数民族地区不同性别的农村教师获英语等级证书的情况

为了了解少数民族地区不同性别的农村教师英语证书获得的情况，笔者进行了如表 4.27 所示的分析。

表 4.27　少数民族地区不同性别的农村教师获英语等级证书情况

性别		英语等级证书等级								总计
		职称外语 A 级	职称外语 B 级	大学英语四级	大学英语六级	专业英语四级	专业英语八级	其他	无	
男	数量/个	1	1	29	3	2	0	26	432	494
	占比/%	0.2	0.2	5.9	0.6	0.4	0	5.3	87.4	100.0
女	数量/个	4	1	69	14	6	1	37	451	583
	占比/%	0.7	0.2	11.8	2.4	1.0	0.2	6.3	77.4	100.0

从表 4.27 可看出，少数民族地区农村女教师获得英语等级证书的人数比例高于男教师，其中，女教师获得职称外语 A 级证书的人数比例比男教师多 0.5%，获得大学英语四级证书的人数比例比男教师多 5.9%，获得大学英语六级证书的人数比例比男教师多 1.8%，获得专业英语四级证书的人数比例比男教师多0.6%，获得专业英语八级证书的人数比例比男教师多0.2%，获得其他英语等级证书的人数比例比男教师多 1%；此外，农村男教师未获得英语等级证书的人数比例比农村女教师高出 10%；由此可明显看出，少数民族地区农村女教师的英语水平普遍高于男教师。

（二）少数民族地区不同类别学校的农村教师获英语等级证书的情况

为了解少数民族地区不同类别学校的农村教师获英语等级证书情况，笔者进行了如表 4. 28 所示的分析。

表 4. 28　少数民族地区不同类别学校的农村教师获英语等级证书情况

类别		英语等级证书等级								总计
		职称外语 A 级	职称外语 B 级	大学英语四级	大学英语六级	专业英语四级	专业英语八级	其他	无	
乡镇（中心）校	数量/个	2	1	79	11	7	0	39	583	722
	占比/%	0. 3	0. 1	11. 0	1. 5	1. 0	0	5. 4	80. 7	100. 0
村校（教学点）	数量/个	3	1	19	6	1	1	24	300	355
	占比/%	0. 8	0. 3	5. 4	1. 7	0. 3	0. 3	6. 7	84. 5	100. 0

从表 4. 28 可看出，从少数民族地区农村教师获得英语等级证书的情况来看，乡镇（中心）校与村校（教学点）教师获得较多的英语等级证书均是大学英语四级证书，且乡镇（中心）校教师获得大学英语四级证书人数比例高于村校（教学点）教师人数的比例；而从农村教师未获得英语等级证书的情况来看，村校（教学点）教师未获得英语等级证书的人数比例高于乡镇（中心）校。

（三）少数民族地区不同任教学段的农村教师获英语等级证书的情况

为了解少数民族地区不同任教学段的农村教师获英语等级证书情况，笔者进行了如表 4. 29 所示的分析。

表 4. 29　少数民族地区不同任教学段的农村教师获英语等级证书情况

学段		英语等级证书等级								总计
		职称外语 A 级	职称外语 B 级	大学英语四级	大学英语六级	专业英语四级	专业英语八级	其他	无	
高中	数量/个	0	0	4	2	0	0	0	11	17
	占比/%	0	0	23. 5	11. 8	0	0	0	64. 7	100. 0
初中	数量/个	2	1	54	7	6	0	25	272	367
	占比/%	0. 5	0. 3	14. 7	1. 9	1. 7	0	6. 8	74. 1	100. 0
小学	数量/个	3	1	40	8	2	1	38	600	693
	占比/%	0. 4	0. 1	5. 8	1. 2	0. 3	0. 1	5. 5	86. 6	100. 0

从表 4. 29 可见，从少数民族地区不同任教学段的农村教师获得英语等级证书的情况来看，高中教师、初中教师以及小学教师获得较多的英语等级证书均是大学英语四级证书，且所获大学英语四级证书人数占比分别为 23. 5%、17. 4%、5. 8%；从不同任教学段的教师未获得英语等级证书的情况来看，高中教师未获得英语等级证书的人数比例为 64. 7%，初中教师未获得英语等级证书的人数比例

为74.1%，小学教师未获得英语等级证书的人数比例为86.6%，可看出，随着任教学段的升高，未获得英语等级证书的教师人数比例逐渐下降。

（四）少数民族地区不同年龄的农村教师获英语等级证书的情况

为了解少数民族地区不同年龄的农村教师获英语等级证书的情况，笔者进行了如表4.30所示的分析。

表4.30 少数民族地区不同年龄的农村教师获英语等级证书情况

年龄		英语等级证书等级								总计
		职称外语A级	职称外语B级	大学英语四级	大学英语六级	专业英语四级	专业英语八级	其他	无	
20岁及以下	数量/个	0	0	0	0	1	0	0	5	6
	占比/%	0	0	0	0	16.7	0	0	83.3	100.0
21~30岁	数量/个	3	1	61	11	5	1	21	251	354
	占比/%	0.9	0.3	17.2	3.1	1.4	0.3	5.9	70.9	100.0
31~40岁	数量/个	2	1	34	6	2	0	30	359	434
	占比/%	0.5	0.2	7.8	1.4	0.5	0	6.9	82.7	100.0
41~50岁	数量/个	0	0	3	0	0	0	11	204	218
	占比/%	0	0	1.4	0	0	0	5.0	93.6	100.0
51岁及以上	数量/个	0	0	0	0	0	0	1	64	65
	占比/%	0	0	0	0	0	0	1.5	98.5	100.0

如表4.30所示，从少数民族地区不同年龄的农村教师获得英语等级证书的情况来看，年龄为21~30岁、31~40岁、41~50岁的农村教师获得较多的英语等级证书均是大学英语四级证书，所获大学英语四级证书人数占比分别为17.2%、7.8%、1.4%；从不同年龄的农村教师未获得英语等级证书的情况来看，年龄为21~30岁、31~40岁、41~50岁、51岁及以上的农村教师未获得英语等级证书的人数比例分别为70.9%、82.7%、93.6%、98.5%，可看出，未获得英语等级证书的教师人数比例随着年龄的增加而增加。

第五节 少数民族地区农村教师获荣誉证书情况

农村教师获荣誉证书类型主要包括荣誉称号、教育教学、教育科研、继续教育等方面。其中，教师所获的荣誉称号证书类型分为特级教师、州（市）级名师、州（市）级学科带头人、州（市）级骨干教师、县级骨干教师、县教育教学标兵或能手以及其他七种。

一、少数民族地区农村教师获荣誉称号证书情况

少数民族地区农村教师获荣誉称号证书情况如图 4.4 所示。

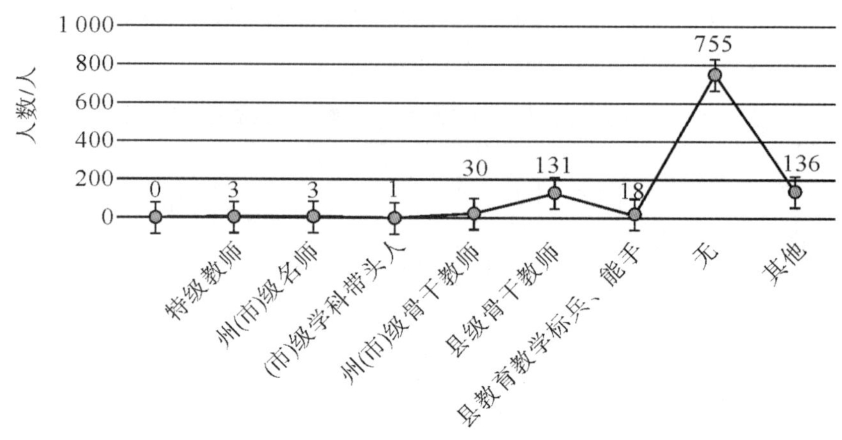

图 4.4　少数民族地区农村教师获荣誉称号证书情况

根据图 4.4 可以看出，有 70%的少数民族地区农村教师未获得任何荣誉称号，荣获特级教师的人数仅占 0.3%，荣获县教育教学标兵或能手以上称号的教师仅占 17.3%。这说明农村教师荣获县级以上荣誉称号的较少，而荣誉称号证书能在一定程度上证明教师的教学能力及教学效果，因此，少数民族地区农村学校应采取相应的措施激励教师不断提升自身的综合能力，不断争取各类荣誉称号。

（一）少数民族地区不同性别的农村教师获荣誉称号证书的情况

为了了解少数民族地区不同性别的农村教师荣誉称号证书获得的情况，笔者进行了如表 4.31 所示的分析。

表 4.31　少数民族地区不同性别的农村教师获荣誉称号证书情况

性别		荣誉称号证书								总计
		特级教师	州（市）级名师	（市）级州学科带头人	州（市）级骨干教师	县级骨干教师	县教育教学标兵、能手	其他	无	
男	数量/个	2	3	0	17	82	12	69	309	494
	占比/%	0.4	0.6	0	3.4	16.6	2.4	14.0	62.6	100.0
女	数量/个	1	0	1	13	49	6	67	446	583
	占比/%	0.2	0	0.2	2.2	8.4	1.0	11.5	76.5	100.0

如表 4.31 所示，从少数民族地区不同性别的农村教师获得荣誉称号证书

的情况来看，男教师获得荣誉称号证书的人数占比为37.4%，女教师获得荣誉称号证书的人数占比为23.5%。由此可看出男教师在获得的荣誉称号证书的数量方面多于女教师。

（二）少数民族地不同类别学校的区农村教师获荣誉称号证书的情况

少数民族地区不同类别学校的农村教师获荣誉称号证书的情况，如表4.32所示。

表4.32 少数民族地区不同类别学校的农村教师获荣誉称号证书情况

类别		荣誉称号证书								总计
		特级教师	州（市）级名师	州（市）级学科带头人	州（市）级骨干教师	县级骨干教师	县教育教学标兵、能手	其他	无	
乡镇（中心）校	数量/个	1	1	1	25	85	15	82	512	722
	占比/%	0.1	0.1	0.1	3.5	11.8	2.1	11.4	70.9	100.0
村校（教学点）	数量/个	2	2	0	5	46	3	54	243	355
	占比/%	0.6	0.6	0	1.4	12.9	0.8	15.2	68.5	100.0

根据表4.32所示，从少数民族地区不同类别学校的农村教师获得荣誉称号证书的情况来看，乡镇（中心）校教师获得荣誉称号证书人数占比为29.1%，村校（教学点）教师获得荣誉称号证书人数占比为31.5%，也就是说，少数民族地区乡镇（中心）校教师获得的荣誉称号证书多于村校（教学点）教师。

（三）少数民族地区不同任教学段的农村教师获荣誉称号证书的情况

少数民族地区不同任教学段的农村教师获荣誉称号证书的情况，如表4.33所示。

表4.33 少数民族地区不同任教学段的农村教师获荣誉称号证书情况

学段		荣誉称号证书								总计
		特级教师	州（市）级名师	州（市）级学科带头人	州（市）级骨干教师	县级骨干教师	县教育教学标兵、能手	其他	无	
高中	数量/个	1	0	0	1	2	0	0	13	17
	占比/%	5.9	0	0	5.9	11.8	0	0	76.4	100.0
初中	数量/个	0	1	1	16	42	9	48	250	367
	占比/%	0	0.3	0.3	4.4	11.4	2.5	13.0	68.1	100.0
小学	数量/个	2	2	0	13	87	9	88	492	693
	占比/%	0.3	0.3	0	1.8	12.6	1.3	12.7	71.0	100.0

如表4.33所示，从少数民族地区不同任教学段的农村教师获得荣誉称号证书的情况来看，除了获得“其他”类别的荣誉称号以外，高中教师、初中

教师、小学教师获得最多的荣誉称号证书是“县级骨干教师”；从不同任教学段的农村教师未获得荣誉称号证书的情况来看，高中教师未获得荣誉称号证书的人数比例最大，占比76.4%，其次是小学教师，占比71%，最后是初中学段的教师，占比68.1%。

（四）少数民族地区不同教龄的农村教师获荣誉称号证书的情况

少数民族地区不同教龄的农村教师获荣誉称号证书的情况，如表4.34所示。

表4.34 少数民族地区不同教龄的农村教师获荣誉称号证书情况

教龄		荣誉称号证书								总计
		特级教师	州（市）级名师	州（市）级学科带头人	州（市）级骨干教师	县级骨干教师	县教育教学标兵、能手	其他	无	
1~5年	数量/个	2	0	0	0	3	3	22	281	311
	占比/%	0.6	0	0	0	1.0	1.0	7.0	90.4	100.0
6~10年	数量/个	0	0	0	0	11	3	27	144	185
	占比/%	0	0	0	0	6.0	1.6	14.6	77.8	100.0
11~15年	数量/个	1	1	0	2	37	0	24	113	178
	占比/%	0.6	0.6	0	1.1	20.8	0	13.5	63.4	100.0
16~20年	数量/个	0	0	1	7	40	3	17	80	148
	占比/%	0	0	0.7	4.7	27.0	2.0	11.5	54.1	100.0
21~25年	数量/个	0	0	0	10	19	4	15	60	108
	占比/%	0	0	0	9.2	17.6	3.7	13.9	55.6	100.0
26~30年	数量/个	0	2	0	7	8	4	12	30	63
	占比/%	0	3.2	0	11.1	12.7	6.4	19.0	47.6	100.0
31年及以上	数量/个	0	0	0	4	13	1	19	47	84
	占比/%	0	0	0	4.7	15.5	1.2	22.6	56.0	100.0

如表4.34所示，从少数民族地区不同教龄的农村教师获得荣誉称号证书的情况来看，除了获得“其他”类别的荣誉称号以外，各个教龄阶段的农村教师获得最多的荣誉称号证书是“县级骨干教师”；从不同教龄的农村教师未获得荣誉称号证书的情况来看，教龄为1~5年的农村教师未获得荣誉称号证书的人数比例最大，占比90.4%，其次是教龄为6~10年的农村教师，占比77.8%，不同教龄的少数民族地区农村教师未获得荣誉称号证书的情况为：“1~5年（90.4%）”>“6~10年（77.8%）”>“11~15年（63.4%）”>“31年及以上（56.0%）”>“21~25年（55.6%）”>“16~20年（54.1%）”>“26~30年（47.6%）”。

（五）少数民族地区不同年龄的农村教师获荣誉称号证书的情况

少数民族地区不同年龄的农村教师获荣誉称号证书的情况，如表 4.35。

表 4.35 不同年龄的少数民族地区农村教师获荣誉称号证书情况

年龄		荣誉称号证书								总计
		特级教师	州（市）级名师	州（市）级学科带头人	州（市）级骨干教师	县级骨干教师	县教育教学标兵、能手	其他	无	
20 岁及以下	数量/个	0	0	0	0	1	0	1	4	6
	占比/%	0	0	0	0	16.7	0	16.7	66.6	100.0
21~30 岁	数量/个	1	0	0	0	4	4	30	315	354
	占比/%	0.3	0	0	0	1.1	1.1	8.5	89.0	100.0
31~40 岁	数量/个	2	2	1	8	79	6	56	280	434
	占比/%	0.5	0.5	0.2	1.8	18.2	1.4	12.9	64.5	100.0
41~50 岁	数量/个	0	0	0	20	40	6	33	119	218
	占比/%	0	0	0	9.2	18.3	2.8	15.1	54.6	100.0
51 岁及以上	数量/个	0	1	0	2	7	2	16	37	65
	占比/%	0	1.5	0	3.1	10.8	3.1	24.6	56.9	100.0

如表 4.35 所示，从少数民族地区不同年龄的农村教师获得荣誉称号证书的情况来看，除了获得“其他”类别的荣誉称号以外，各个年龄阶段的农村教师获得最多的荣誉称号证书是“县级骨干教师”；从不同年龄的农村教师未获得荣誉称号证书的情况来看，年龄为 21~30 岁的农村教师未获得荣誉称号证书的人数比例最大，占比 89.0%，其次是年龄为 20 岁及以下的农村教师，占比 66.6%，不同年龄的少数民族地区农村教师未获得荣誉称号证书的情况为：“21~30 岁（89.0%）”>“20 岁及以下（66.6%）”>“31~40 岁（64.5%）”>“51 岁及以上（56.9%）”>“41~50 岁（54.6%）”。

二、少数民族地区农村教师荣获教育教学证书的情况

少数民族地区农村教师荣获教育教学证书的情况如图 4.5 所示。

从图 4.5 可以看出，少数民族地区农村教师在教育教学方面荣获证书的情况，有 23%的教师未获得任何相关的证书。总体看来，少数民族地区农村教师荣获教育教学的相关证书数量并不乐观。

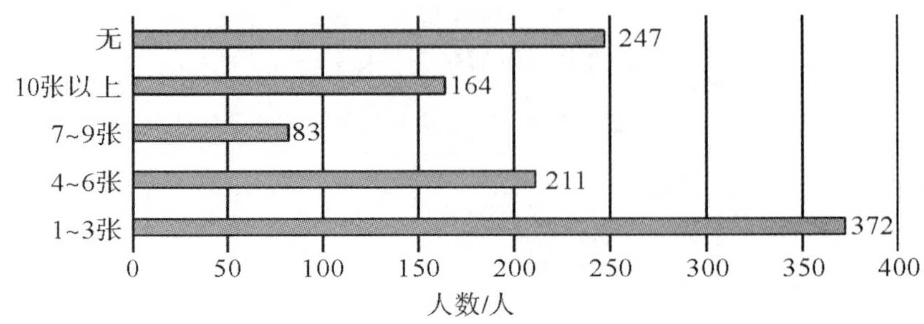

图 4.5　少数民族地区农村教师教育教学方面的获奖证书数量

（一）少数民族地区不同性别的农村教师获教育教学证书的情况

少数民族地区不同性别的农村教师获教育教学证书的情况，如表 4.36 所示。

表 4.36　少数民族地区不同性别的农村教师获教育教学证书情况

性别		教育教学证书					总计
		无	1~3 张	4~6 张	7~9 张	10 张以上	
男	数量/个	82	170	110	37	95	494
	占比/%	16.6	34.4	22.3	7.5	19.2	100.0
女	数量/个	165	202	101	46	69	583
	占比/%	28.3	34.7	17.3	7.9	11.8	100.0

如表 4.36 所示，从少数民族地区不同性别的农村教师获得教育教学证书的情况来看，男教师获得教育教学证书的人数占比为 83.4%，女教师获得教育教学证书的人数占比为 71.7%，可明显看出，男教师获得教育教学证书的人数占比比女教师获得教育教学证书的人数占比高出 9.2%，说明少数民族地区的农村男教师获得的教育教学证书多于女教师。

（二）少数民族地区不同类别学校的农村教师获教育教学证书的情况

少数民族地区不同类别学校的农村教师获教育教学证书的情况，如表 4.37 所示。

表 4.37　少数民族地区不同类别学校的农村教师获教育教学证书情况

<table>
<tr><th colspan="2" rowspan="2">类别</th><th colspan="5">教育教学证书</th><th rowspan="2">总计</th></tr>
<tr><th>无</th><th>1~3 张</th><th>4~6 张</th><th>7~9 张</th><th>10 张以上</th></tr>
<tr><td rowspan="2">乡镇（中心）校</td><td>数量/个</td><td>149</td><td>249</td><td>145</td><td>55</td><td>124</td><td>722</td></tr>
<tr><td>占比/%</td><td>20.6</td><td>34.5</td><td>20.1</td><td>7.6</td><td>17.2</td><td>100.0</td></tr>
<tr><td rowspan="2">村校（教学点）</td><td>数量/个</td><td>98</td><td>123</td><td>66</td><td>28</td><td>40</td><td>355</td></tr>
<tr><td>占比/%</td><td>27.6</td><td>34.6</td><td>18.6</td><td>7.9</td><td>11.3</td><td>100.0</td></tr>
</table>

如表 4.37 所示，从少数民族地区不同类别学校的农村教师获得教育教学证书的情况来看，乡镇（中心）校教师获得教育教学证书人数占比为 79.4%，村校（教学点）教师获得教育教学证书人数占比为 72.4%，从数据可看出，乡镇（中心）校教师获得教育教学证书人数比例高于村校（教学点）教师。

（三）少数民族地区不同任教学段的农村教师获教育教学证书的情况

少数民族地区不同任教学段的农村教师获教育教学证书的情况，如表 4.38 所示。

表 4.38　少数民族地区不同任教学段的农村教师获教育教学证书情况

<table>
<tr><th colspan="2" rowspan="2">任教学段</th><th colspan="5">教育教学证书</th><th rowspan="2">总计</th></tr>
<tr><th>无</th><th>1~3 张</th><th>4~6 张</th><th>7~9 张</th><th>10 张以上</th></tr>
<tr><td rowspan="2">高中</td><td>数量/个</td><td>3</td><td>6</td><td>2</td><td>1</td><td>5</td><td>17</td></tr>
<tr><td>占比/%</td><td>17.6</td><td>35.3</td><td>11.8</td><td>5.9</td><td>29.4</td><td>100.0</td></tr>
<tr><td rowspan="2">初中</td><td>数量/个</td><td>66</td><td>118</td><td>82</td><td>35</td><td>66</td><td>367</td></tr>
<tr><td>占比/%</td><td>18.0</td><td>32.2</td><td>22.3</td><td>9.5</td><td>18.0</td><td>100.0</td></tr>
<tr><td rowspan="2">小学</td><td>数量/个</td><td>178</td><td>248</td><td>127</td><td>47</td><td>93</td><td>693</td></tr>
<tr><td>占比/%</td><td>25.7</td><td>35.8</td><td>18.3</td><td>6.8</td><td>13.4</td><td>100.0</td></tr>
</table>

如表 4.38 所示，从少数民族地区不同任教学段的农村教师获得教育教学证书的情况来看，高中阶段的农村教师获得教育教学证书人数比例为 82.4%，初中阶段的农村教师获得教育教学证书人数比例为 82.0%，小学阶段的农村教师获得教育教学证书人数比例为 74.3%，可明显看出，少数民族地区农村教师

获得教育教学证书人数的比例与任教学段的升高呈正比。

（四）少数民族地区不同教龄的农村教师获教育教学证书的情况

少数民族地区不同教龄的农村教师获教育教学证书的情况，如表 4.39 所示。

表 4.39 少数民族地区不同教龄的农村教师获教育教学证书情况

教龄		教育教学证书					总计
		无	1~3 张	4~6 张	7~9 张	10 张以上	
1~5 年	数量/个	168	111	21	7	4	311
	占比/%	54.0	35.7	6.7	2.3	1.3	100.0
6~10 年	数量/个	36	77	41	14	17	185
	占比/%	19.4	41.6	22.2	7.6	9.2	100.0
11~15 年	数量/个	14	66	56	15	27	178
	占比/%	7.9	37.1	31.5	8.4	15.1	100.0
16~20 年	数量/个	6	43	42	22	35	148
	占比/%	4.1	29.1	28.4	14.8	23.6	100.0
21~25 年	数量/个	10	24	23	17	34	108
	占比/%	9.3	22.2	21.3	15.7	31.5	100.0
26~30 年	数量/个	3	22	10	3	25	63
	占比/%	4.8	34.9	15.9	4.7	39.7	100.0
31 年及以上	数量/个	10	29	18	5	22	84
	占比/%	11.9	34.5	21.4	6.0	26.2	100.0

如表 4.39 所示，从少数民族地区不同教龄的农村教师获得教育教学证书的情况来看，各个教龄阶段的农村教师获得最多的教育教学证书数量是 1~3 张；从少数民族地区不同教龄的农村教师未获得教育教学证书的情况来看，教龄为 1~5年的农村教师未获得荣誉称号证书的人数比例最大，占比 54.0%，其次是教龄为 6~10 年的农村教师，占比 19.4%，少数民族地区不同教龄的农村教师未获得荣誉称号证书的情况为："1~5 年（54.0%）" > "6~10 年（19.4%）" > "31 年及以上（11.9%）" > "21~25 年（9.3%）" > "11~15 年（7.9%）" > "26~30 年（4.8%）" > "16~20 年（4.1%）"。

（五）少数民族地区不同年龄的农村教师获教育教学证书的情况

少数民族地区不同年龄的农村教师获教育教学证书的情况，如表 4.40 所示。

表 4.40　少数民族地区不同年龄的农村教师获教育教学证书情况

年龄		教育教学证书					总计
		无	1~3 张	4~6 张	7~9 张	10 张以上	
20 岁及以下	数量/个	2	4	0	0	0	6
	占比/%	33.3	66.7	0	0	0	100.0
21~30 岁	数量/个	170	131	32	12	9	354
	占比/%	48.0	37.0	9.0	3.4	2.6	100.0
31~40 岁	数量/个	49	163	118	40	64	434
	占比/%	11.3	37.6	27.2	9.2	14.7	100.0
41~50 岁	数量/个	16	57	46	27	72	218
	占比/%	7.3	26.2	21.1	12.4	33.0	100.0
51 岁及以上	数量/个	10	17	15	4	19	65
	占比/%	15.4	26.1	23.1	6.2	29.2	100.0

如表 4.40 所示，从少数民族地区不同年龄的农村教师获得教育教学证书的情况来看，各个年龄阶段的农村教师获得最多的教育教学证书数量为 1~3 张；从少数民族地区不同年龄的农村教师未获得教育教学证书的情况来看，年龄为 21~30 岁的农村教师未获得教育教学证书的人数比例最大，占比 48.0%，其次是年龄为 20 岁及以下的农村教师，占比 33.3%，少数民族地区不同年龄的农村教师未获得教育教学证书的情况为："21~30 岁（48.0%）">"20 岁及以下（33.3%）">"51 岁及以上（15.4%）">"31~40 岁（11.3%）">"41~50 岁（7.3%）"。

三、少数民族地区农村教师教育科研证书的情况

（一）少数民族地区农村教师公开发表论文情况

少数民族地区农村教师公开发表论文的情况如图 4.6 所示。

根据图 4.6 显示，有 34%的少数民族地区农村教师公开发表过 1~2 篇论文，未发表过论文的教师也占了 34%，有 20%的教师公开发表了 3~4 篇论文，公开发表 5 篇论文以上的教师占 12%。

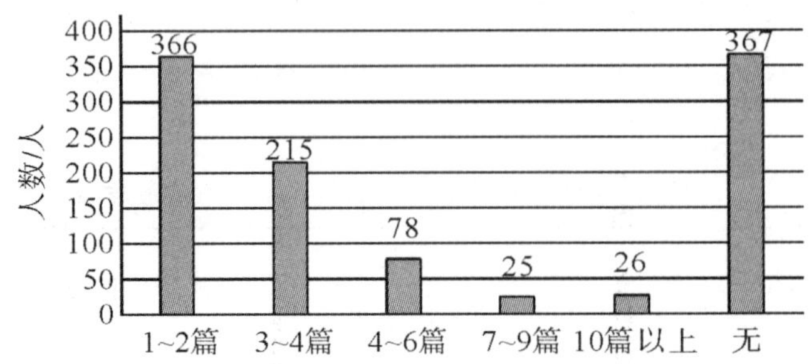

图 4.6 少数民族地区农村教师公开发表论文数量

1. 少数民族地区不同性别的农村教师公开发表论文的情况

少数民族地区不同性别的农村教师公开发表论文的情况，如表 4.41 所示。

表 4.41 少数民族地区不同性别的农村教师公开发表论文情况

性别		公开发表论文数量						
		无	1~2 篇	3~4 篇	5~6 篇	7~9 篇	10 篇及以上	总计
男	数量/个	108	186	127	41	11	21	494
	占比/%	21.9	37.6	25.7	8.3	2.2	4.3	100.0
女	数量/个	259	180	88	37	14	5	583
	占比/%	44.4	30.9	15.1	6.3	2.4	0.9	100.0

如表 4.41 所示，从少数民族地区不同性别的农村教师公开发表论文的情况来看，男教师公开发表论文的人数占比为 79.1%，女教师公开发表论文的人数占比为 55.6%，可明显看出，男教师公开发表论文的数量多于女教师。

2. 少数民族地区不同类别学校的农村教师公开发表论文的情况

从教师公开发表论文的数量可以知晓少数民族地区村校（教学点）与乡镇（中心）校教师的科研情况，具体情况如表 4.42 所示。

表 4.42 少数民族地区村校（教学点）与乡镇（中心）校教师公开发表论文情况

类别		公开发表论文数量						
		无	1~2 篇	3~4 篇	5~6 篇	7~9 篇	10 篇及以上	总计
乡镇（中心）校	数量/个	215	248	155	69	17	18	722
	占比/%	29.8	34.3	21.5	9.6	2.3	2.5	100.0
村校（教学点）	数量/个	152	118	60	9	8	8	355
	占比/%	42.8	33.2	16.9	2.5	2.3	2.3	100.0

根据表4.42的显示，从少数民族地区不同类别学校的农村教师公开发表论文的情况来看，乡镇（中心）校教师公开发表论文的人数占比为70.2%，村校（教学点）教师公开发表论文的人数占比为57.2%，从数据可看出，乡镇（中心）校教师公开发表论文的人数比例高于村校（教学点）教师。

3. 少数民族地区不同任教学段的农村教师公开发表论文的情况

少数民族地区不同任教学段的农村教师公开发表论文的情况，如表4.43所示。

表4.43 少数民族地区不同任教学段的农村教师公开发表论文情况

任教学段		公开发表论文数量						
		无	1~2篇	3~4篇	5~6篇	7~9篇	10篇及以上	总计
高中	数量/个	3	8	4	1	0	1	17
	占比/%	17.6	47.1	23.5	5.9	0	5.9	100.0
初中	数量/个	73	123	103	42	12	14	367
	占比/%	19.9	33.5	28.1	11.4	3.3	3.8	100.0
小学	数量/个	291	235	108	35	13	11	693
	占比/%	42.0	33.9	15.6	5.0	1.9	1.6	100.0

根据表4.43所示，从少数民族地区不同任教学段的农村教师公开发表论文的情况来看，高中学段的农村教师公开发表论文的人数比例为82.4%，初中学段的农村教师公开发表论文的人数比例为80.1%，小学学段的农村教师公开发表论文的人数比例为58.0%，可明显看出，农村教师公开发表论文的人数的比例与任教学段的升高呈正比。

4. 少数民族地区不同教龄的农村教师公开发表论文的情况

少数民族地区不同教龄的农村教师公开发表论文的情况，如表4.44所示。

表4.44 少数民族地区不同教龄的农村教师公开发表论文情况

教龄		公开发表论文数量						
		无	1~2篇	3~4篇	5~6篇	7~9篇	10篇及以上	总计
1~5年	数量/个	243	59	8	0	0	1	311
	占比/%	78.1	19.0	2.6	0	0	0.3	100.0
6~10年	数量/个	61	91	25	6	2	0	185
	占比/%	33.0	49.2	13.5	3.2	1.1	0	100.0

表4.44(续)

教龄		公开发表论文数量						
		无	1~2 篇	3~4 篇	5~6 篇	7~9 篇	10 篇及以上	总计
11~15 年	数量/个	16	84	50	17	4	7	178
	占比/%	9.0	47.2	28.1	9.6	2.2	3.9	100.0
16~20 年	数量/个	15	46	44	28	6	9	148
	占比/%	10.1	31.1	29.7	18.9	4.1	6.1	100.0
21~25 年	数量/个	8	39	34	17	6	4	108
	占比/%	7.4	36.1	31.5	15.7	5.6	3.7	100.0
26~30 年	数量/个	9	17	28	4	1	4	63
	占比/%	14.3	27.0	44.4	6.4	1.6	6.3	100.0
31 年及以上	数量/个	15	30	26	6	6	1	84
	占比/%	17.9	35.7	31.0	7.1	7.1	1.2	100.0

如表 4.44 所示，从少数民族地区不同教龄的农村教师公开发表论文的情况来看，各个教龄阶段的农村教师公开发表论文数量最多的是 1~2 篇；从少数民族地区不同教龄的农村教师未公开发表论文的情况来看，教龄为 1~5 年的农村教师未公开发表论文的人数比例最大，占比 78.1%，其次是教龄为 6~10 年的农村教师，占比 33.0%，少数民族地区不同教龄的农村教师未公开发表论文的人数比例情况为："1~5 年（78.1%）" > "6~10 年（33.0%）" > "31 年及以上（17.9%）" > "26~30 年（14.3%）" > "16~20 年（10.1%）" > "11~15 年（9.0%）" > "21~25 年（7.4%）"。

5. 少数民族地区不同年龄的农村教师公开发表论文的情况

少数民族地区不同年龄的农村教师公开发表论文的情况，如表 4.45 所示。

表 4.45　少数民族地区不同年龄的农村教师公开发表论文情况

年龄		公开发表论文数量						
		无	1~2 篇	3~4 篇	5~6 篇	7~9 篇	10 篇及以上	总计
20 岁及以下	数量/个	2	3	0	0	1	0	6
	占比/%	33.3	50.0	0	0	16.7	0	100.0
21~30 岁	数量/个	265	74	13	2	0	0	354
	占比/%	74.9	20.9	3.7	0.5	0	0	100.0
31~40 岁	数量/个	65	197	109	39	11	13	434
	占比/%	15.0	45.4	25.1	9.0	2.5	3.0	100.0

表4.45(续)

年龄		公开发表论文数量						
		无	1~2 篇	3~4 篇	5~6 篇	7~9 篇	10 篇及以上	总计
41~50 岁	数量/个	21	74	73	31	8	11	218
	占比/%	9.6	34.0	33.5	14.2	3.7	5.0	100.0
51 岁及以上	数量/个	14	18	20	6	5	2	65
	占比/%	21.5	27.7	30.8	9.2	7.7	3.1	100.0

如表 4.45 所示，从少数民族地区不同年龄的农村教师公开发表论文的情况来看，各个年龄阶段的农村教师公开发表论文数量最多的是 1~2 篇；从少数民族地区不同年龄的农村教师未公开发表论文的情况来看，年龄为 21~30 岁的农村教师未公开发表论文的人数比例最大，占比 74.9%，其次是年龄为 20 岁及以下的农村教师，占比 33.3%，少数民族地区不同年龄的农村教师未公开发表论文的人数比例情况为："21~30 岁（74.9%）">"20 岁及以下（33.3%）">"51 岁及以上（21.5%）">"31~40 岁（15.0%）">"41~50 岁（9.6%）"。

（二）少数民族地区农村教师获结题证书情况

图 4.7 显示了少数民族地区农村教师主持课题与项目的情况，可看出，有 67%的教师未主持过教育科研课题或项目，其中，主持过 3 项课题或项目的教师仅占 1.5%。

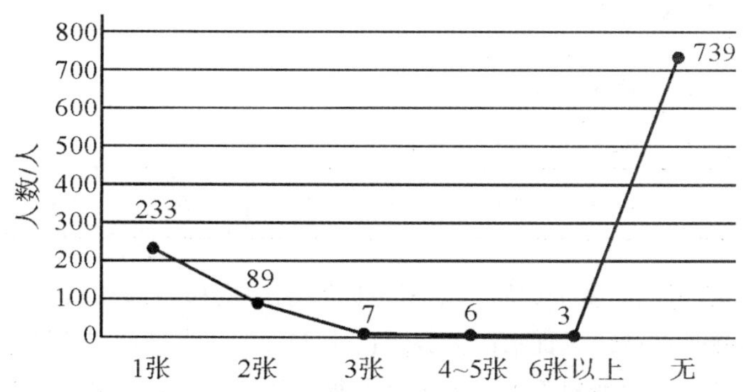

图 4.7 少数民族地区农村教师结题证书数量

通过图 4.7 可清晰地看出少数民族地区农村教师教育科研的情况，从数据中可看出，有部分农村教师进行过教育科研。为了进一步了解农村教师常主持的科研的级别与成果，笔者进行了如图 4.8 所示的分析。

根据图 4.8 可看出，少数民族地区农村学校主持课题或项目的教师仅占总人数的 36%，常主持教育科研的级别多为校级课题和地厅级课题，占主持教育科研教师总人数的 84%，还有 16%的农村教师主持过省部级和国家级的课题或项目。

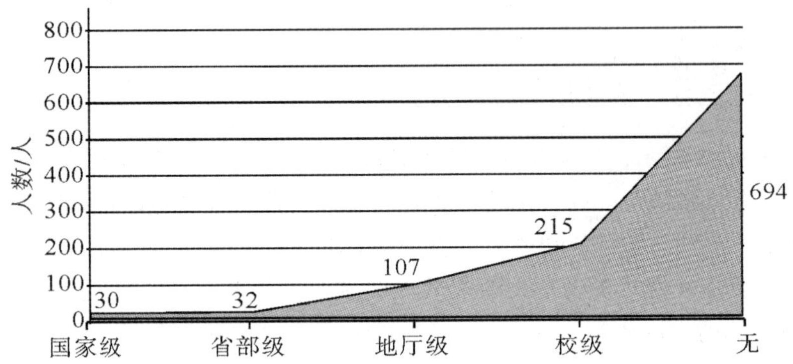

图 4.8　少数民族地区农村教师常主持或参与的课题级别

1. 少数民族地区不同性别的农村教师获结题证书的情况

少数民族地区不同性别的农村教师获结题证书的情况，如表 4.46 所示。

表 4.46　少数民族地区不同性别的农村教师课题结题证书数量

性别		课题结题证书数量						
		无	1 张	2 张	3 张	4~5 张	6 张及以上	总计
男	数量/个	323	123	39	4	3	2	494
	占比/%	65.4	24.9	7.9	0.8	0.6	0.4	100.0
女	数量/个	416	110	50	3	3	1	583
	占比/%	71.3	18.9	8.6	0.5	0.5	0.2	100.0

如表 4.46 所示，从少数民族地区不同性别的农村教师获得结题证书的情况来看，男教师获得结题证书的人数占比为 34.6%，女教师获得结题证书的人数占比为 28.7%，可明显看出，男教师获得结题证书的数量多于女教师。

2. 少数民族地区不同类别学校的农村教师获结题证书的情况

从课题结题证书的数量也能了解少数民族地区村校（教学点）与乡镇（中心）校教师科研的情况，结果如表 4.47 所示。

表 4.47　少数民族地区不同类别农村学校教师课题结题证书数量

类别		课题结题证书数量						
		无	1 张	2 张	3 张	4~5 张	6 张及以上	总计
乡镇（中心）校	数量/个	471	180	57	6	5	3	722
	占比/%	65.2	24.9	7.9	0.9	0.7	0.4	100.0
村校（教学点）	数量/个	268	53	32	1	1	0	355
	占比/%	75.5	14.9	9.0	0.3	0.3	0	100.0

如表 4.47 显示，从少数民族地区不同类别学校的农村教师获得结题证书的情况来看，乡镇（中心）校教师获得结题证书的人数占比为 34.8%，村校（教学点）教师获得结题证书的人数占比为 24.5%，从数据可看出，乡镇（中心）校教师获得结题证书的人数比例高于村校（教学点）教师。

3. 少数民族地区不同任教学段的农村教师获结题证书的情况

少数民族地区不同任教学段的农村教师获结题证书的情况，如表 4.48 所示。

表 4.48　少数民族地区不同任教学段的农村学校教师课题结题证书数量

任教学段		课题结题证书数量						
		无	1 张	2 张	3 张	4~5 张	6 张及以上	总计
高中	数量/个	14	1	1	0	0	1	17
	占比/%	82.3	5.9	5.9	0	0	5.9	100.0
初中	数量/个	185	132	43	4	2	1	367
	占比/%	50.4	36.0	11.7	1.1	0.5	0.3	100.0
小学	数量/个	540	100	45	3	4	1	693
	占比/%	77.9	14.5	6.5	0.4	0.6	0.1	100.0

如表 4.48 所示，从少数民族地区不同任教学段的农村教师获得结题证书的情况来看，高中学段的农村教师获得结题证书的人数比例为 17.7%，初中学段的农村教师获得结题证书的人数比例为 49.6%，小学学段的农村教师获得结题证书的人数比例为 22.1%，可明显看出，不同任教学段的农村教师获得结题证书的人数的比例排序为：初中学段（49.6%）、小学学段（22.1%）、高中学段（17.6%）。

4. 少数民族地区不同教龄的农村教师获结题证书的情况

少数民族地区不同教龄的农村教师获结题证书的情况，如表 4. 49 所示。

表 4. 49　少数民族地区不同教龄的农村学校教师课题结题证书数量

教龄		课题结题证书数量						
		无	1 张	2 张	3 张	4~5 张	6 张及以上	总计
1~5 年	数量/个	279	24	7	0	1	0	311
	占比/%	89. 7	7. 7	2. 3	0	0. 3	0	100. 0
6~10 年	数量/个	139	35	8	1	2	0	185
	占比/%	75. 1	18. 9	4. 3	0. 6	1. 1	0	100. 0
11~15 年	数量/个	103	57	14	2	0	2	178
	占比/%	57. 9	32. 0	7. 9	1. 1	0	1. 1	100. 0
16~20 年	数量/个	84	44	16	1	2	1	148
	占比/%	56. 7	29. 7	10. 8	0. 7	1. 4	0. 7	100. 0
21~25 年	数量/个	50	36	22	0	0	0	108
	占比/%	46. 3	33. 3	20. 4	0	0	0	100. 0
26~30 年	数量/个	35	17	10	1	0	0	63
	占比/%	55. 5	27. 0	15. 9	1. 6	0	0	100. 0
31 年及以上	数量/个	49	20	12	2	1	0	84
	占比/%	58. 3	23. 8	14. 3	2. 4	1. 2	0	100. 0

如表 4. 49 所示，从少数民族地区不同教龄的农村教师获得结题证书的情况来看，各教龄阶段的农村教师获得结题证书数量最多的是 1 张；从少数民族地区不同教龄的农村教师未获得结题证书的情况来看，教龄为 1~5 年的农村教师未获得结题证书的人数比例最大，占比 89. 7%，其次是教龄为 6~10 年的农村教师，占比 75. 1%，少数民族地区不同教龄的农村教师未获得结题证书的人数比例排序为："1~5 年（89. 7%）" > "6~10 年（75. 1%）" > "31 年及以上（58. 3%）" > "11~15 年（57. 9%）" > "16~20 年（56. 7%）" > "26~30 年（55. 5%）" > "21~25 年（46. 3%）"。

5. 少数民族地区不同年龄的农村教师获结题证书的情况

少数民族地区不同年龄的农村教师获结题证书的情况，如表 4. 50 所示。

表 4.50　少数民族地区不同年龄的农村学校教师课题结题证书数量

年龄		课题结题证书数量						
		无	1 张	2 张	3 张	4~5 张	6 张及以上	总计
20 岁及以下	数量/个	6	0	0	0	0	0	6
	占比/%	100.0	0	0	0	0	0	100.0
21~30 岁	数量/个	317	29	6	0	2	0	354
	占比/%	89.5	8.2	1.7	0	0.6	0	100.0
31~40 岁	数量/个	271	120	36	3	1	3	434
	占比/%	62.4	27.7	8.3	0.7	0.2	0.7	100.0
41~50 岁	数量/个	108	71	35	2	2	0	218
	占比/%	49.5	32.6	16.1	0.9	0.9	0	100.0
51 岁及以上	数量/个	37	13	12	2	1	0	65
	占比/%	56.9	20.0	18.5	3.1	1.5	0	100.0

如表 4.50 所示，从少数民族地区不同年龄的农村教师获得结题证书的情况来看，各个年龄阶段的农村教师获得结题证书数量最多的是 1 张；从少数民族地区不同年龄的农村教师未获得结题证书的情况来看，年龄为 20 岁及以下的农村教师均未获得结题证书，年龄为 21~30 岁的农村教师未获得结题证书的人数比例为 89.5%，不同年龄的农村教师未获得结题证书的人数比例排序为："20 岁及以下（100%）" > "21~30 岁（89.5%）" > "31~40 岁（62.4%）" > "51 岁及以上（56.9%）" > "41~50 岁（49.5%）"。

（三）少数民族地区农村教师主编、参编的教材及专著情况

少数民族地区农村教师主编、参编的教材及专著情况如图 4.9 所示。

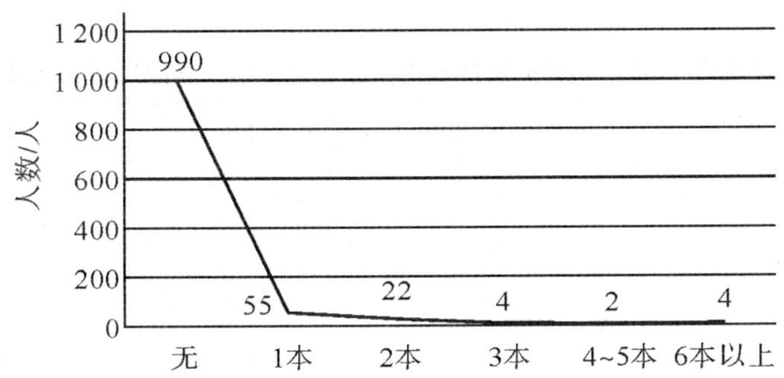

图 4.9　少数民族地区农村教师主编、参编的教材及专著数量

从图 4.9 可看出，少数民族地区农村教师主编、参编的教材及专著量较

少，仅8.1%的农村教师主编、参编过教材或出版过专著，有91.9%的农村教师从未主编、参编过教材或出版过专著，以上数据体现了农村教师教育科研的能力不强，成果较薄弱。

1. 少数民族地区不同性别的农村教师主编、参编的教材及专著情况

少数民族地区不同性别的农村教师主编、参编的教材及专著的情况，如表4.51所示。

表4.51　少数民族地区不同性别的农村教师主编、参编的教材及专著情况

性别		主编、参编的教材及专著						总计
		无	1本	2本	3本	4~5本	6本以上	
男	数量/个	444	32	12	2	1	3	494
	占比/%	89.9	6.5	2.4	2.4	0.2	0.6	100.0
女	数量/个	546	23	10	2	1	1	583
	占比/%	93.7	3.9	1.7	0.3	0.2	0.2	100.0

如表4.51所示，从少数民族地区不同性别的农村教师主编、参编的教材及专著的情况来看，男教师主编、参编教材及专著的人数占比为10.1%，女教师主编、参编教材及专著的人数占比为6.3%，可明显看出，男教师主编、参编教材及专著的数量多于女教师。

2. 少数民族地区不同类别学校的农村教师主编、参编的教材及专著情况

少数民族地区不同类别学校的农村教师主编、参编的教材及专著的情况，如表4.52所示。

表4.52　少数民族地区不同类别学校的农村教师主编、参编的教材及专著情况

类别		主编、参编的教材及专著						总计
		无	1本	2本	3本	4~5本	6本以上	
乡镇（中心）校	数量/个	653	44	17	4	2	2	722
	占比/%	90.3	6.1	2.4	0.6	0.3	0.3	100.0
村校（教学点）	数量/个	337	11	5	0	0	2	355
	占比/%	94.9	3.1	1.4	0	0	0.6	100.0

如表 4. 52 显示，从少数民族地区不同类别学校的农村教师主编、参编的教材及专著的情况来看，乡镇（中心）校教师主编、参编的教材及专著的人数占比为 9. 7%，村校（教学点）教师主编、参编的教材及专著的人数占比为 5. 1%，从数据可看出，少数民族地区乡镇（中心）校教师主编、参编的教材及专著的人数比例高于村校（教学点）教师。

3. 少数民族地区不同任教学段的农村教师主编、参编的教材及专著情况

少数民族地区不同任教学段的农村教师主编、参编的教材及专著的情况，如表 4. 53 所示。

表 4. 53　少数民族地区不同任教学段的农村教师主编、参编的教材及专著情况

任教学段		主编、参编的教材及专著						总计
		无	1 本	2 本	3 本	4~5 本	6 本以上	
高中	数量/个	13	0	0	2	0	2	17
	占比/%	76. 4	0	0	11. 8	0	11. 8	100. 0
初中	数量/个	320	34	10	2	1	0	367
	占比/%	87. 2	9. 3	2. 7	0. 5	0. 3	0	100. 0
小学	数量/个	657	21	12	0	1	2	693
	占比/%	94. 8	3. 0	1. 8	0	0. 1	0. 3	100. 0

如表 4. 53 所示，从少数民族地区不同任教学段的农村教师主编、参编的教材及专著的情况来看，高中阶段的农村教师主编、参编的教材及专著的人数比例为 23. 6%，初中阶段的农村教师主编、参编的教材及专著的人数比例为 12. 8%，小学阶段的农村教师主编、参编的教材及专著的人数比例为 5. 1%，可明显看出，农村教师主编、参编的教材及专著的人数的比例与任教学段的升高呈正比。

4. 少数民族地区不同教龄的农村教师主编、参编的教材及专著情况

少数民族地区不同教龄的农村教师主编、参编的教材及专著的情况，如表 4. 54 所示。

表 4.54　少数民族地区不同教龄的农村教师主编、参编的教材及专著情况

教龄		主编、参编的教材及专著						总计
		无	1 本	2 本	3 本	4~5 本	6 本以上	
1~5 年	数量/个	296	11	3	0	0	1	311
	占比/%	95.2	3.5	1.0	0	0	0.3	100.0
6~10 年	数量/个	173	10	1	1	0	0	185
	占比/%	93.6	5.4	0.5	0.5	0	0	100.0
11~15 年	数量/个	156	11	7	1	1	2	178
	占比/%	87.6	6.2	3.9	0.6	0.6	1.1	100.0
16~20 年	数量/个	131	11	4	1	1	0	148
	占比/%	88.5	7.4	2.7	0.7	0.7	0	100.0
21~25 年	数量/个	95	7	5	1	0	0	108
	占比/%	88.0	6.5	4.6	0.9	0	0	100.0
26~30 年	数量/个	59	3	0	0	0	1	63
	占比/%	93.6	4.8	0	0	0	1.6	100.0
31 年及以上	数量/个	80	2	2	0	0	0	84
	占比/%	95.2	2.4	2.4	0	0	0	100.0

如表 4.54 所示，从少数民族地区不同教龄的农村教师主编、参编的教材及专著的情况来看，各个教龄阶段的农村教师主编、参编的教材及专著数量最多的是 1 本；从不同教龄的农村教师未主编、参编的教材及专著的情况来看，教龄为 1~5 年和教龄为 31 年及以上的农村教师未主编、参编的教材及专著的人数比例相同且最大，占比 95.2%，其次是教龄为 26~30 年的农村教师，占比 93.7%。少数民族地区不同教龄的农村教师未主编、参编的教材及专著的人数比例情况为:“1~5 年、31 年及以上（95.2%）”＞“26~30 年（93.6%）”＝“6~10 年（93.6%）”＞“16~20 年（88.5%）”＞“21~25 年（88.0%）”＞“11~15 年（87.6%）”。

5. 少数民族地区不同年龄的农村教师主编、参编的教材及专著情况

少数民族地区不同年龄的农村教师主编、参编的教材及专著的情况，如表 4.55 所示。

表 4.55　少数民族地区不同年龄的农村教师主编、参编的教材及专著情况

年龄		主编、参编的教材及专著						总计
		无	1 本	2 本	3 本	4~5 本	6 本以上	
20 岁及以下	数量/个	6	0	0	0	0	0	6
	占比/%	100.0	0	0	0	0	0	100.0
21~30 岁	数量/个	337	14	2	0	0	1	354
	占比/%	95.2	3.9	0.6	0	0	0.3	100.0
31~40 岁	数量/个	392	24	13	2	1	2	434
	占比/%	90.3	5.5	3.0	0.5	0.2	0.5	100.0
41~50 岁	数量/个	193	15	6	2	1	1	218
	占比/%	88.5	6.9	2.7	0.9	0.5	0.5	100.0
51 岁及以上	数量/个	62	2	1	0	0	0	65
	占比/%	95.4	3.1	1.5	0	0	0	100.0

如表 4.55 所示，从少数民族地区不同年龄的农村教师主编、参编的教材及专著的情况来看，各个年龄阶段的农村教师主编、参编的教材及专著数量最多的是 1 本；从不同年龄的农村教师未主编、参编的教材及专著的情况来看，年龄为 20 岁及以下的农村教师均未主编、参编的教材及专著，年龄为 51 岁及以上的农村教师未主编、参编的教材及专著的人数比例为 95.4%。少数民族地区不同年龄的农村教师未主编、参编的教材及专著的人数比例排序为："20 岁及以下（100%）" > "51 岁及以上（95.4%）" > "21~30 岁（95.2%）" > "31~40 岁（90.3%）" > "41~50 岁（88.5%）"。

（三）少数民族地区农村教师主持或参与的最高级别课题情况

1. 少数民族地区不同性别的农村教师主持或参与的最高级别课题情况

少数民族地区不同性别的农村教师主持或参与的最高级别课题的情况，如表 4.56 所示。

表 4.56 少数民族地区不同性别的农村教师主持或参与的最高级别课题情况

性别		主持或参与的最高级别课题					总计
		国家级	省部级	地厅级	校级	无	
男	数量/个	50	37	54	64	289	494
	占比/%	10.1	7.5	10.9	13.0	58.5	100.0
女	数量/个	27	20	51	84	401	583
	占比/%	4.6	3.4	8.7	14.5	68.8	100.0

如表 4.56 所示，从少数民族地区不同性别的农村教师主持或参与的课题的情况来看，男教师主持或参与课题的人数占比为 41.5%，女教师主持或参与课题的人数占比为 31.2%，可明显看出，男教师主持或参与课题的数量多于女教师。

2. 少数民族地区不同类别学校的农村教师主持或参与的最高级别课题情况

从主持或参与的最高级别课题也能知晓少数民族地区村校（教学点）与乡镇（中心）校教师的科研状况，如表 4.57 所示。

表 4.57 少数民族地区不同类别学校的农村教师主持或参与的最高级别课题情况

类别		主持或参与的最高级别课题					总计
		国家级	省部级	地厅级	校级	无	
乡镇（中心）校	数量/个	61	45	81	104	431	722
	占比/%	8.4	6.2	11.3	14.4	59.7	100.0
村校（教学点）	数量/个	16	12	24	44	259	355
	占比/%	4.5	3.4	6.7	12.4	73	100.0

如表 4.57 所示，从少数民族地区不同类别学校的农村教师主持或参与课题的情况来看，乡镇（中心）校教师主持或参与课题的人数占比为 40.3%，村校（教学点）教师主持或参与课题的人数占比为 27%，从数据可看出，乡镇（中心）校教师主持或参与课题的人数比例高于村校（教学点）教师。

3. 少数民族地区不同任教学段的农村教师主持或参与的最高级别课题情况

少数民族地区不同任教学段的农村教师主持或参与的最高级别课题的情况，如表 4. 58 所示。

表 4. 58　少数民族地区不同任教学段的农村教师主持或参与的最高级别课题情况

任教学段		主持或参与的最高级别课题					总计
		国家级	省部级	地厅级	校级	无	
高中	数量/个	1	2	1	4	9	17
	占比/%	5. 9	11. 8	5. 9	23. 5	52. 9	100. 0
初中	数量/个	41	27	56	49	194	367
	占比/%	11. 2	7. 3	15. 2	13. 4	52. 9	100. 0
小学	数量/个	35	28	48	95	487	693
	占比/%	5. 1	4. 0	6. 9	13. 7	70. 3	100. 0

如表 4. 58 所示，从少数民族地区不同任教学段的农村教师主持或参与课题的情况来看，高中学段的农村教师主持或参与课题的人数比例为 47. 1%，初中学段的农村教师主持或参与课题的人数比例为 47. 1%，小学学段的农村教师主持或参与课题的人数比例为 29. 7%，可明显看出，少数民族地区不同任教学段的农村教师主持或参与课题的人数的比例情况为：高中学段 = 初中学段（47. 1%）>小学学段（29. 7%）。

4. 少数民族地区不同教龄的农村教师主持或参与的最高级别课题情况

少数民族地区不同教龄的农村教师主持或参与的最高级别课题的情况，如表 4. 59 所示。

表 4. 59　少数民族地区不同教龄的农村教师主持或参与的最高级别课题情况

教龄		主持或参与的最高级别课题					总计
		国家级	省部级	地厅级	校级	无	
1~5 年	数量/个	1	5	12	35	258	311
	占比/%	0. 3	1. 6	3. 8	11. 3	83. 0	100. 0
6~10 年	数量/个	10	7	14	27	127	185
	占比/%	5. 4	3. 8	7. 6	14. 6	68. 6	100. 0

表4.59(续)

教龄		主持或参与的最高级别课题					总计
		国家级	省部级	地厅级	校级	无	
11~15年	数量/个	23	14	11	26	104	178
	占比/%	12.9	7.9	6.2	14.6	58.4	100.0
16~20年	数量/个	22	5	26	20	75	148
	占比/%	14.9	3.3	17.6	13.5	50.7	100.0
21~25年	数量/个	11	11	22	20	44	108
	占比/%	10.2	10.2	20.4	18.5	40.7	100.0
26~30年	数量/个	5	6	9	7	36	63
	占比/%	7.9	9.5	14.3	11.1	57.2	100.0
31年及以上	数量/个	5	9	11	13	46	84
	占比/%	5.9	10.7	13.1	15.5	54.8	100.0

如表4.59所示，从少数民族地区不同教龄的农村教师主持或参与课题的情况来看，各个教龄阶段的农村教师主持或参与课题数量最多的级别是校级课题和地厅级课题；从少数民族地区不同教龄的农村教师未主持或参与课题的情况来看，教龄为1~5年的农村教师未主持或参与课题的人数比例最大，占比83.0%，其次是教龄为6~10年的农村教师，占比68.6%。少数民族地区不同教龄的农村教师未主持或参与课题的人数比例情况为："1~5年（83.0%）">"6~10年（68.6%）">"11~15年（58.4%）">"26~30年（57.2%）">"31年及以上（54.8%）">"16~20年（50.7%）">"21~25年（40.7%）"。

5. 少数民族地区不同年龄的农村教师主持或参与的最高级别课题情况

少数民族地区不同年龄的农村教师主持或参与的最高级别课题的情况，如表4.60所示。

表4.60　少数民族地区不同年龄的农村教师主持或参与的最高级别课题情况

年龄		主持或参与的最高级别课题					总计
		国家级	省部级	地厅级	校级	无	
20岁及以下	数量/个	0	0	0	1	5	6
	占比/%	0	0	0	16.7	83.3	100.0

表4.60(续)

<table>
<tr><th colspan="2" rowspan="2">年龄</th><th colspan="5">主持或参与的最高级别课题</th><th rowspan="2">总计</th></tr>
<tr><th>国家级</th><th>省部级</th><th>地厅级</th><th>校级</th><th>无</th></tr>
<tr><td rowspan="2">21~30 岁</td><td>数量/个</td><td>2</td><td>7</td><td>14</td><td>41</td><td>290</td><td>354</td></tr>
<tr><td>占比/%</td><td>0.5</td><td>2.0</td><td>4.0</td><td>11.6</td><td>81.9</td><td>100.0</td></tr>
<tr><td rowspan="2">31~40 岁</td><td>数量/个</td><td>48</td><td>23</td><td>47</td><td>56</td><td>260</td><td>434</td></tr>
<tr><td>占比/%</td><td>11.1</td><td>5.3</td><td>10.8</td><td>12.9</td><td>59.9</td><td>100.0</td></tr>
<tr><td rowspan="2">41~50 岁</td><td>数量/个</td><td>26</td><td>21</td><td>33</td><td>36</td><td>102</td><td>218</td></tr>
<tr><td>占比/%</td><td>11.9</td><td>9.7</td><td>15.1</td><td>16.5</td><td>46.8</td><td>100.0</td></tr>
<tr><td rowspan="2">51 岁及以上</td><td>数量/个</td><td>1</td><td>6</td><td>11</td><td>14</td><td>33</td><td>65</td></tr>
<tr><td>占比/%</td><td>1.5</td><td>9.2</td><td>16.9</td><td>21.6</td><td>50.8</td><td>100.0</td></tr>
</table>

如表 4.60 所示，从少数民族地区不同年龄的农村教师主持或参与课题的情况来看，各个年龄阶段的农村教师主持或参与课题数量最多的级别是校级课题和地厅级课题；从少数民族地区不同年龄的农村教师未主持或参与课题的情况来看，年龄为 20 岁及以下的农村教师未主持或参与课题的人数占比例最大，占比为 83.3%，其次是年龄为 21~30 岁的农村教师，占比为 81.9%。少数民族地区不同年龄的农村教师未主持或参与课题的人数比例排序为："20 岁及以下（83.3%）" > "21~30 岁（81.9%）" > "31~40 岁（59.9%）" > "51 岁及以上（50.8%）" > "41~50 岁（46.8%）"。

四、少数民族地区农村教师获得继续教育（培训）合格证书情况

少数民族地区农村教师获得继续教育合格证书情况如图 4.10 所示。

从图 4.10 可以清晰地看出，仅 9%的少数民族地区农村教师未获得继续教育培训的证书，获得 1~2 张继续教育培训证书的教师有 16%，获得 3~4 张继续教育培训证书的教师有 27%，获得 5 张以上继续教育培训证书的教师有 47%，说明少数民族地区农村教师的继续教育情况比较乐观。

（一）少数民族地区不同性别的农村教师获得继续教育合格证书情况

少数民族地区不同性别的农村教师获得继续教育合格证书的情况，如表 4.61 所示。

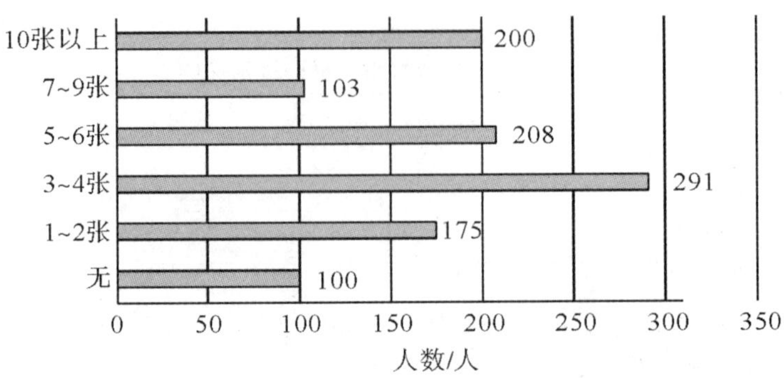

图 4.10　少数民族地区农村教师各类继续教育（培训）的合格证书数量

表 4.61　少数民族地区不同性别的农村教师获继续教育合格证书情况

性别		继续教育合格证书						总计
		无	1~2 张	3~4 张	5~6 张	7~9 张	10 张以上	
高中	数量/个	30	50	130	114	60	110	494
	占比/%	6.1	10.1	26.3	23.1	12.1	22.3	100.0
女	数量/个	70	125	161	94	43	90	583
	占比/%	12.0	21.5	27.6	16.1	7.4	15.4	100.0

如表 4.61 所示，从少数民族地区不同性别的农村教师获得继续教育合格证书的情况来看，男教师获得继续教育合格证书的人数占比为 93.9%，女教师获得继续教育合格证书的人数占比为 88%，可明显看出，男教师获得继续教育合格证书的数量多于女教师。

（二）少数民族地区不同类别学校的农村教师获得继续教育合格证书情况

少数民族地区不同类别学校的农村教师获得继续教育合格证书的情况，如表 4.62 所示。

表 4.62　少数民族地区不同类别学校的农村教师获继续教育合格证书情况

类别		继续教育合格证书						总计
		无	1~2 张	3~4 张	5~6 张	7~9 张	10 张以上	
乡镇（中心）校	数量/个	67	117	192	139	73	134	722
	占比/%	9.3	16.2	26.6	19.2	10.1	18.6	100.0

表4.62(续)

类别		继续教育合格证书						总计
		无	1~2 张	3~4 张	5~6 张	7~9 张	10 张以上	
村校（教学点）	数量/个	33	58	99	69	30	66	355
	占比/%	9.3	16.3	27.9	19.4	8.5	18.6	100.0

如表 4.62 所示，从少数民族地区不同类别学校的农村教师获得继续教育合格证书的情况来看，乡镇（中心）校教师获得继续教育合格证书的人数占比为 90.7%，村校（教学点）教师获得继续教育合格证书的人数占比为 90.7%，从数据可看出，少数民族地区乡镇（中心）校教师获得继续教育合格证书的人数比例与村校（教学点）的教师人数相同。

（三）少数民族地区不同任教学段的农村教师获得继续教育合格证书情况

少数民族地区不同任教学段的农村教师获得继续教育合格证书的情况，如表 4.63 所示。

表 4.63　不同任教学段的农村教师获继续教育合格证书情况

学段		继续教育合格证书						总计
		无	1~2 张	3~4 张	5~6 张	7~9 张	10 张以上	
高中	数量/个	1	2	4	4	2	4	17
	占比/%	5.9	11.8	23.5	23.5	11.8	23.5	100.0
初中	数量/个	20	49	109	79	38	72	367
	占比/%	5.4	13.4	29.7	21.5	10.4	19.6	100.0
小学	数量/个	79	124	178	125	63	124	693
	占比/%	11.4	17.9	25.7	18.0	9.1	17.9	100.0

如表 4.63 所示，从少数民族地区不同任教学段的农村教师获得继续教育合格证书的情况来看，高中学段的农村教师获得继续教育合格证书的人数比例为 94.1%，初中学段的农村教师获得继续教育合格证书的人数比例为 94.6%，小学学段的农村教师获得继续教育合格证书的人数比例为 88.6%，可明显看出，少数民族地区不同任教学段的农村教师获得继续教育合格证书的人数的比例情况为：初中学段（94.6%）>高中学段（94.1%）>小学学段（88.6%）。

（四）少数民族地区不同教龄的农村教师获得继续教育（培训）合格证书情况

少数民族地区不同教龄的农村教师与其获得继续教育（培训）合格证书之间的关系，如表 4.64 所示。

表 4.64　少数民族地区不同教龄的农村教师获继续教育合格证书情况

年龄		继续教育合格证书						总计
		无	1~2 张	3~4 张	5~6 张	7~9 张	10 张以上	
1~5 年	数量/个	72	82	67	35	30	25	311
	占比/%	23.2	26.4	21.5	11.3	9.6	8.0	100.0
6~10 年	数量/个	14	31	51	36	15	38	185
	占比/%	7.6	16.7	27.6	19.5	8.1	20.5	100.0
11~15 年	数量/个	3	31	55	39	15	35	178
	占比/%	1.7	17.4	30.9	21.9	8.4	19.7	100.0
16~20 年	数量/个	4	11	49	36	14	34	148
	占比/%	2.7	7.4	33.1	24.3	9.5	23.0	100.0
21~25 年	数量/个	3	5	22	33	14	31	108
	占比/%	2.8	4.6	20.4	30.5	13.0	28.7	100.0
26~30 年	数量/个	2	5	17	16	4	19	63
	占比/%	3.2	7.9	27.0	25.4	6.3	30.2	100.0
31 年及以上	数量/个	2	10	30	13	11	18	84
	占比/%	2.4	11.9	35.7	15.5	13.1	21.4	100.0

如表 4.64 所示，少数民族地区教龄为 1~5 年未获得继续教育培训证书的教师人数的比例为 23.2%，教龄为 6~10 年未获得继续教育培训证书的教师人数的比例为 7.6%，教龄为 11~15 年未获得继续教育培训证书的教师人数的比例 1.7%，教龄为 16~20 年未获得继续教育培训证书的教师人数的比例 2.7%，教龄为 21~25 年未获得继续教育培训证书的教师人数的比例 2.8%，教龄为 26~30 年未获得继续教育培训证书的教师人数的比例 3.2%，教龄为 31 年及以上未获得继续教育培训证书的教师人数的比例 2.4%，由此看来，未获得继续教育培训证书的都是刚入行不久的教师。

（五）少数民族地区不同年龄的农村教师获得继续教育合格证书情况

少数民族地区不同年龄的农村教师与其获得继续教育培训证书之间的关系，如表 4.65。

表 4.65 少数民族地区不同年龄的农村教师获继续教育合格证书情况

年龄		继续教育合格证书						总计
		无	1~2 张	3~4 张	5~6 张	7~9 张	10 张以上	
20 岁及以下	数量/个	2	1	1	1	0	1	6
	占比/%	33.2	16.7	16.7	16.7	0	16.7	100.0
21~30 岁	数量/个	75	84	82	43	36	34	354
	占比/%	21.2	23.7	23.2	12.1	10.2	9.6	100.0
31~40 岁	数量/个	17	67	136	96	32	86	434
	占比/%	3.9	15.5	31.3	22.1	7.4	19.8	100.0
41~50 岁	数量/个	5	17	50	58	24	64	218
	占比/%	2.3	7.8	22.9	26.6	11.0	29.4	100.0
51 岁及以上	数量/个	1	6	22	10	11	15	65
	占比/%	1.5	9.2	33.9	15.4	16.9	23.1	100.0

如表 4.65 所示，少数民族地区不同年龄的农村教师未获得继续教育合格证书的人数比例排序为："20岁及以下（33.2%）" > "21~30 岁（21.2%）" > "31~40 岁（3.9%）" > "41~50 岁（2.3%）" > "51 岁及以上（1.5%）"，可明显看出，不同年龄的农村教师获得继续教育合格证书的人数比例随着年龄的增加而增加，说明年龄越大的农村教师，参加继续教育的培训机会就越多。

五、少数民族地区农村教师辅导学生参赛获奖证书的情况

少数民族地区农村教师辅导学生参赛获奖证书的情况，如表 4.66 所示。

表 4.66 少数民族地区农村教师辅导学生参加比赛获奖的证书数量

数量	次数	百分比/%	有效的百分比/%	累计百分比/%
1~2 张	289	26.8	26.8	26.8
3~4 张	154	14.3	14.3	41.1
5~6 张	47	4.4	4.4	45.5

表4.66(续)

数量	次数	百分比/%	有效的百分比/%	累计百分比/%
7~9张	13	1.2	1.2	46.7
10张以上	47	4.4	4.4	51.1
无	527	48.9	48.9	100.0
总计	1 077	100.0	100.0	

从表4.66可看出，有48.9%的少数民族地区的农村教师都未辅导过学生参加比赛，接近总人数的一半；辅导学生参加比赛并获得1~2张证书的教师仅有26.8%。从以上数据可发现，少数民族地区的农村教师辅导学生参赛的能力有待提升。

（一）少数民族地区不同性别的农村教师辅导学生参赛获奖证书的情况

少数民族地区不同性别的农村教师辅导学生参赛获奖证书的情况，如表4.67。

表4.67 少数民族地区不同性别的农村教师辅导学生参赛荣获证书情况

性别		辅导学生参赛荣获证书						总计
		无	1~2张	3~4张	5~6张	7~9张	10张以上	
男	数量/个	211	146	88	22	6	21	494
	占比/%	42.7	29.6	17.8	4.5	1.2	4.2	100.0
女	数量/个	316	143	66	25	7	26	583
	占比/%	54.2	24.5	11.3	4.3	1.2	4.5	100.0

如表4.67所示，从少数民族地区不同性别的农村教师辅导学生参赛获奖证书的情况来看，男教师辅导学生参赛获奖证书的人数占比为57.3%，女教师辅导学生参赛获奖证书的人数占比为45.8%，可明显看出，男教师辅导学生参赛获奖证书的数量多于女教师。

（二）少数民族地区不同类别学校的农村教师辅导学生参赛获奖证书的情况

少数民族地区不同类别学校的农村教师辅导学生参赛获奖证书的情况，如表4.68所示。

表 4.68　少数民族地区不同类别学校的农村教师辅导学生参赛荣获证书情况

类别		辅导学生参赛荣获证书						总计
		无	1~2 张	3~4 张	5~6 张	7~9 张	10 张以上	
乡镇（中心）校	数量/个	318	200	116	41	11	36	722
	占比/%	44.0	27.7	16.1	5.7	1.5	5.0	100.0
村校（教学点）	数量/个	209	89	38	6	2	11	355
	占比/%	58.8	25.1	10.7	1.7	0.6	3.1	100.0

如表 4.68 所示，从少数民族地区不同类别学校的农村教师辅导学生参赛获奖证书的情况来看，乡镇（中心）校教师辅导学生参赛获奖证书的人数占比为 56%，村校（教学点）教师辅导学生参赛获奖证书的人数占比为 41.2%，从数据可看出，少数民族地区乡镇（中心）校教师辅导学生参赛获奖证书的人数比例高于村校（教学点）教师。

（三）少数民族地区不同任教学段的农村教师辅导学生参赛获奖证书的情况

少数民族地区不同任教学段的农村教师辅导学生参赛获奖证书的情况，如表 4.69 所示。

表 4.69　少数民族地区不同任教学段的农村教师辅导学生参赛荣获证书情况

任教学段		辅导学生参赛荣获证书						总计
		无	1~2 张	3~4 张	5~6 张	7~9 张	10 张以上	
高中	数量/个	3	6	3	1	0	4	17
	占比/%	17.6	35.3	17.6	5.9	0	23.6	100.0
初中	数量/个	142	99	64	28	10	24	367
	占比/%	38.7	27.0	17.5	7.6	2.7	6.5	100.0
小学	数量/个	382	184	87	18	3	19	693
	占比/%	55.1	26.6	12.6	2.6	0.4	2.7	100.0

如表 4.69 所示，从少数民族地区不同任教学段的农村教师辅导学生参赛获奖证书的情况来看，高中学段的农村教师辅导学生参赛获奖证书的人数比例为 82.4%，初中学段的农村教师辅导学生参赛获奖证书的人数比例为 61.3%，小学学段的农村教师辅导学生参赛获奖证书的人数比例为 44.9%，可明显看出，随着任教学段的升高，农村教师辅导学生参赛获奖证书的人数比例也逐渐上升。

（四）少数民族地区不同教龄的农村教师辅导学生参赛获奖证书的情况

少数民族地区不同教龄的农村教师辅导学生参赛获奖证书的情况，如表 4.70 所示。

表 4.70　少数民族地区不同教龄的农村教师辅导学生参赛荣获证书情况

教龄		辅导学生参赛荣获证书						总计
		无	1~2 张	3~4 张	5~6 张	7~9 张	10 张以上	
1~5 年	数量/个	223	51	25	4	2	6	311
	占比/%	71.7	16.4	8.0	1.3	0.7	1.9	100.0
6~10 年	数量/个	102	52	14	7	2	8	185
	占比/%	55.1	28.1	7.6	3.8	1.1	4.3	100.0
11~15 年	数量/个	76	60	25	11	1	5	178
	占比/%	42.7	33.7	14.0	6.2	0.6	2.8	100.0
16~20 年	数量/个	48	46	38	4	5	7	148
	占比/%	32.4	31.1	25.7	2.7	3.4	4.7	100.0
21~25 年	数量/个	32	34	21	10	1	10	108
	占比/%	29.6	31.5	19.4	9.3	0.9	9.3	100.0
26~30 年	数量/个	13	20	15	6	2	7	63
	占比/%	20.6	31.8	23.8	9.5	3.2	11.1	100.0
31 年及以上	数量/个	33	26	16	5	0	4	84
	占比/%	39.3	31.0	19.0	6.0	0	4.7	100.0

如表 4.70 所示，从少数民族地区不同教龄的农村教师辅导学生参赛获奖证书的情况来看，各个教龄阶段的农村教师辅导学生参赛获奖证书数量是 1~2 张；少数民族地区不同教龄的农村教师辅导学生参赛获奖证书的人数比例情况为:“1~5 年（28.3%）” < “6~10 年（44.9%）” < “11~15 年（57.3%）” < “31 年及以上（60.7%）” < “16~20 年（67.6%）” < “21~25 年（70.4%）” < “26~30 年（79.4%）”。

（五）少数民族地区不同年龄的农村教师辅导学生参赛获奖证书的情况

少数民族地区不同年龄的农村教师辅导学生参赛获奖证书的情况，如表 4.71 所示。

表 4.71　少数民族地区不同年龄的农村教师辅导学生参赛荣获证书情况

年龄		辅导学生参赛荣获证书						总计
		无	1~2 张	3~4 张	5~6 张	7~9 张	10 张以上	
20 岁及以下	数量/个	4	1	1	0	0	0	6
	占比/%	66.6	16.7	16.7	0	0	0	100.0
21~30 岁	数量/个	251	61	27	6	2	7	354
	占比/%	70.9	17.2	7.6	1.7	0.6	2.0	100.0
31~40 岁	数量/个	189	138	66	19	5	17	434
	占比/%	43.5	31.8	15.2	4.4	1.2	3.9	100.0
41~50 岁	数量/个	64	66	47	17	3	21	218
	占比/%	29.4	30.3	21.5	7.8	1.4	9.6	100.0
51 岁及以上	数量/个	19	23	13	5	3	2	65
	占比/%	29.2	35.4	20.0	7.7	4.6	3.1	100.0

如表 4.71 所示，少数民族地区不同年龄的农村教师辅导学生参赛获奖证书的人数比例排序为："51 岁及以上（70.8%）" >"41~50 岁（70.6%）" >"31~40 岁（56.5%）" >"20 岁及以下（33.4%）" >"21~30 岁（29.1%）"，可明显看出，年龄为 21 岁及以上的农村教师，辅导学生参赛获奖证书的人数比例随着年龄的增加而增加，说明年龄越大的农村教师，辅导学生参赛的经验越丰富、能力越强。

第五章　少数民族地区农村教师“具体化资本”现状

教师的具体化（个体化）资本，主要指教师通过长期教育的洗礼和学习积累而成的知识与能力，主要包括专业理念与师德、专业知识、专业能力。

第一节　少数民族地区农村教师“专业理念与师德”现状

一、少数民族地区不同性别的农村教师“专业理念与师德”差异

少数民族地区不同性别的农村教师在“职业理解与认识”“对待学生的态度与行为”“教育教学的态度与行为”“个人修养与行为”方面的差异比较如表 5.1 所示。少数民族地区农村教师性别变量在四个依变量检验的 T 统计量中，不同性别农村教师在“职业理解与认识”“对待学生的态度与行为”“个人修养与行为”方面均不存在显著差异，只有“教育教学的态度与行为”这个依变量达到了显著水平，显著性概率值 $P=0.008<0.05$，说明不同性别农村教师在“教育教学的态度与行为”方面存在显著性差异，且农村女教师在“教育教学的态度与行为”方面的得分显著高于农村男教师。

表 5.1　少数民族地区农村教师“专业理念与师德”的性别差异

检验变量	男		女		T	P
	M	SD	M	SD		
职业理解与认识	14.82	3.01	14.82	2.71	$-0.022^{n.s.}$	0.983
对待学生的态度与行为	21.17	3.42	21.29	3.03	$-0.622^{n.s.}$	0.534
教育教学的态度与行为	17.79	3.17	18.28	2.84	-2.664^{**}	0.008
个人修养与行为	22.50	3.39	22.68	2.87	$-0.949^{n.s.}$	0.343

注：$^{n.s.}P>0.05$, $^{*}P<0.05$, $^{**}P<0.01$。

为了进一步了解少数民族地区不同性别的农村教师在“教育教学的态度与行为”方面的具体差异情况，笔者对不同性别的农村教师的“教育教学的态度与行为”进行差异分析，结果如表 5. 2 所示。

表 5. 2　少数民族地区农村教师“教育教学的态度与行为”的性别差异

检验变量	男		女		T	P
	M	SD	M	SD		
11. 教育就是培养成绩优秀的学生	2. 01	1. 25	2. 34	1. 30	-4.3^{***}	0. 000
12. 对学生的身心发展规律了解透彻，能做到因材施教	4. 17	0. 899	4. 13	0. 914	$0.752^{n.s.}$	0. 452
13. 与学习成绩和能力相比，培养学生的品德更重要	4. 45	1. 019	4. 56	0. 729	-2.104^{*}	0. 036
14. 没有教不好的学生，只有不会教的老师	2. 7	1. 455	2. 78	1. 3	$-0.928^{n.s.}$	0. 354
15. 注重培养学生的自主学习习惯和适应社会的能力	4. 46	0. 886	4. 46	0. 705	$-0.026^{n.s.}$	0. 979

注：$^{n.s.}P>0.05$，$^{*}P<0.05$，$^{**}P<0.01$，$^{***}P<0.001$。

从表 5. 2 得知，少数民族地区不同性别的农村教师在第 11 题有显著差异存在，其中，女教师的得分显著高于男教师。第 11 题是反向计分题，通过表中的均值可以发现，农村教师对于学生的培养，不仅只看重成绩，还认为教育能够培养学生的智力发展，这充分说明农村教师注重学生德、智、体、美、劳的全面发展。同时，通过表中第 14 题的均值发现，少数民族地区农村教师认为教学的效果取决于学生的主观能动性，缺乏主动激发学生学习兴趣的意识。

二、少数民族地区不同级别学校农村教师“专业理念与师德”差异

为了了解少数民族地区不同级别学校的教师在“专业理念与师德”方面是否存在差异，笔者进行了独立样本 T 检验分析，如表 5. 3 所示。

表 5. 3　不同级别学校农村教师“专业理念与师德”差异

检验变量	乡镇（中心）校		村校（教学点）		T	P
	M	SD	M	SD		
职业理解与认识	14. 92	2. 68	14. 61	3. 18	$1.609^{n.s.}$	0. 108

表5.3(续)

检验变量	乡镇（中心）校		村校（教学点）		T	P
	M	SD	M	SD		
对待学生的态度与行为	21.38	3.06	20.93	3.49	2.191*	0.029
教育教学的态度与行为	18.05	2.95	18.05	3.12	0.003n.s.	0.998
个人修养与行为	22.67	2.96	22.44	3.41	1.15n.s.	0.25

注：n.s. $P>0.05$，* $P<0.05$，** $P<0.01$。

由表5.3可以看出，少数民族地区不同级别学校农村教师在“职业理解与认识”“教育教学的态度与行为”“个人修养与行为”方面均不存在显著差异，只有“对待学生的态度与行为”这个变量达到了显著水平，显著性概率值$P=0.029<0.05$，说明少数民族地区不同级别学校农村教师在“对待学生的态度与行为”方面存在显著性差异，且乡镇（中心）校的教师“对待学生的态度与行为”显著高于村校（教学点）的教师。

为了进一步了解少数民族地区不同级别学校农村教师在“对待学生的态度与行为”方面的具体差异情况，笔者对不同级别学校农村教师在“对待学生的态度与行为”进行差异分析，如表5.4所示。

表5.4　少数民族地区不同级别学校农村教师“对待学生的态度与行为”差异

检验变量	乡镇(中心)学校		村校(教学点)		T	P
	M	SD	M	SD		
5. 遇到突发事件，我会把学生的生命安全放在第一位	4.64	0.824	4.56	1.03	1.31n.s.	0.191
6. 学生与教师在人格上是平等的，所以我会尊重每一位学生	4.66	0.879	4.59	1.036	1.15n.s.	0.252
7. 对待优生和差生的态度不一样	1.94	1.348	1.74	1.205	2.42*	0.016
8. 从来没有讽刺、挖苦或体罚过学生	4.22	1.095	4.17	1.176	0.704n.s.	0.482
9. 不喜欢班上成绩差的那部分学生	1.49	0.913	1.45	0.911	0.717n.s.	0.473
10. 会主动了解学生的合理需求并尽力满足	4.43	0.907	4.42	0.909	0.165n.s.	0.869

注：n.s. $P>0.05$，* $P<0.05$，** $P<0.01$，*** $P<0.001$。

结果表明，少数民族地区不同级别学校农村教师在第7题“我对待优生和差生的态度不一样”上存在显著性差异，且乡镇（中心）学校的教师显著高于村校（教学点）的教师。其中，第7题和第9题是反向记分题，得分越低说明农村教师对待优生和差生的态度情况较好，没有歧视成绩不好的学生，这在一定程度上说明农村教师能做到公平对待学生。

三、少数民族地区不同任教学段的农村教师“专业理念与师德”差异

本次研究主要针对少数民族地区农村教师高中、初中和小学这三个任教学段的教师，为了了解不同任教学段的农村教师在“专业理念与师德”方面是否存在差异，笔者进行了描述统计（如表5.5所示）。

表5.5　少数民族地区不同任教学段的农村教师“专业理念与师德”描述性统计量

检验变量	任教学段	个数	平均数	标准差
职业理解与认识	高中（A）	17	15.24	2.17
	初中（B）	367	14.82	2.79
	小学（C）	693	14.81	2.90
对待学生的态度与行为	高中（A）	17	21.00	1.41
	初中（B）	367	21.10	3.15
	小学（C）	693	21.31	3.28
教育教学的态度与行为	高中（A）	17	17.88	2.32
	初中（B）	367	17.75	2.82
	小学（C）	693	18.22	3.11
个人修养与行为	高中（A）	17	22.06	2.44
	初中（B）	367	22.54	2.90
	小学（C）	693	22.64	3.24

为了解少数民族地区不同任教学段的农村教师在“职业理解与认识”“对待学生的态度与行为”“教育教学的态度”“个人修养与行为”方面是否存在差异，笔者进行了如表5.6所示的方差分析。

表 5.6　少数民族地区不同任教学段的农村教师“专业理念与师德”差异比较的方差分析

检验变量		平方和	df	平均值平方	F	P
职业理解与认识	群组之间	2.991	2	1.495	0.183	0.833
	在群组内	8 762.064	1 074	8.158		
	总计	8 765.055	1 076			
对待学生的态度与行为	群组之间	11.583	2	5.792	0.561	0.571
	在群组内	11 092.385	1 074	10.328		
	总计	11 103.968	1 076			
教育教学的态度与行为	群组之间	51.650	2	25.825	2.866	0.057
	在群组内	9 677.226	1 074	9.010		
	总计	9 728.877	1 076			
个人修养与行为	群组之间	7.095	2	3.547	0.365	0.695
	在群组内	10 448.400	1 074	9.728		
	总计	10 455.495	1 076			

从表 5.6 中可以看出，对于“职业理解与认识”“对待学生的态度与行为”“教育教学的态度与行为”“个人修养与行为”这四个变量的整体检验 F 值分别为 0.183（$P=0.833>0.05$）、0.561（$P=0.571>0.05$）、2.866（$P=0.057>0.05$）、0.365（$P=0.695>0.05$），均未达到显著水平，表示少数民族地区不同任教学段的农村教师在“职业理解与认识”“对待学生的态度与行为”“教育教学的态度与行为”“个人修养与行为”这四个方面没有显著差异存在。

四、少数民族地区不同教龄的农村教师“专业理念与师德”差异

将少数民族地区农村教师的教龄按不同阶段来划分，分为 1~5 年、6~10 年、11~15 年、16~20 年、21~25 年、26~30 年和 31 年及以上七个阶段，为了进一步了解少数民族地区不同教龄的农村教师在“专业理念与师德”方面是否存在差异，笔者进行了方差分析，结果如表 5.7 所示。

表 5.7　少数民族地区不同教龄的农村教师“专业理念与师德”描述性统计量

检验变量	教龄	个数	平均数	标准差	极小值	极大值
职业理解与认识	1~5 年（A）	311	14.51	2.73	4.00	20.00
	6~10 年（B）	185	14.94	3.19	4.00	20.00
	11~15 年（C）	178	15.30	2.72	4.00	20.00
	16~20 年（D）	148	14.73	3.02	4.00	20.00
	21~25 年（E）	108	14.99	2.44	4.00	20.00
	26~30 年（F）	63	14.63	2.71	4.00	20.00
	31 年及以上（G）	84	14.77	3.02	4.00	20.00
对待学生的态度与行为	1~5 年（A）	311	21.06	3.24	6.00	30.00
	6~10 年（B）	185	21.86	3.28	6.00	30.00
	11~15 年（C）	178	21.31	3.32	7.00	30.00
	16~20 年（D）	148	20.83	3.42	6.00	27.00
	21~25 年（E）	108	21.47	2.16	10.00	27.00
	26~30 年（F）	63	20.71	3.78	6.00	26.00
	31 年及以上（G）	311	21.061 1	2.89	11.00	27.00
教育教学的态度与行为	1~5 年（A）	311	17.79	2.89	7.00	25.00
	6~10 年（B）	185	18.14	2.87	9.00	25.00
	11~15 年（C）	178	18.69	3.22	5.00	25.00
	16~20 年（D）	148	17.94	3.44	5.00	25.00
	21~25 年（E）	108	17.87	2.58	12.00	25.00
	26~30 年（F）	63	17.65	3.18	7.00	22.00
	31 年及以上（G）	84	18.23	2.66	10.00	24.00
个人修养与行为	1~5 年（A）	311	22.21	2.88	5.00	25.00
	6~10 年（B）	185	22.90	2.41	15.00	25.00
	11~15 年（C）	178	23.09	2.94	5.00	25.00
	16~20 年（D）	148	22.74	3.97	5.00	25.00
	21~25 年（E）	108	22.63	2.55	11.00	25.00
	26~30 年（F）	63	21.56	5.18	5.00	25.00
	31 年及以上（G）	84	22.76	2.29	17.00	25.00

为了解少数民族地区不同教龄的农村教师在“职业理解与认识”“对待学生的态度”“教育教学的态度”“个人修养与行为”方面是否存在差异，笔者进行了方差分析，结果如表 5.8 所示。

表 5.8　少数民族地区不同教龄的农村教师“专业理念与师德”差异比较的方差分析

检验变量		平方和	df	平均值平方	F	P
职业理解与认识	群组之间	81.000	6	13.500	1.663	0.127
	在群组内	8 684.055	1 070	8.116		
	总计	8 765.055	1 076			
对待学生的态度与行为	群组之间	132.713	6	22.119	2.157	0.045
	在群组内	10 971.255	1 070	10.254		
	总计	11 103.968	1 076			
教育教学的态度与行为	群组之间	113.452	6	18.909	2.104	0.050
	在群组内	9 615.424	1 070	8.986		
	总计	9 728.877	1 076			
个人修养与行为	群组之间	180.469	6	30.078	3.132	0.005
	在群组内	10 275.026	1 070	9.603		
	总计	10 455.495	1 076			

从表 5.8 表中可以看出，对于“对待学生的态度与行为”“个人修养与行为”这两个变量，整体检验的 F 值分别为 2.157（$P=0.045<0.05$）、3.132（$P=0.005<0.05$），达到显著水平，表示不同教龄的农村教师在“对待学生的态度与行为”“个人修养与行为”两方面有显著差异存在，至于是哪些教龄段之间的差异达到显著，需要进行事后比较才能知晓，具体如表 5.9 所示。

表 5.9　少数民族地区不同教龄的农村教师“专业理念与师德”的事后分析

维度	（I）教龄	（J）教龄	均值差异（I-J）	Sig.	事后比较 LSD 法
对待学生的态度与行为	6~10 年（B）	1~5 年（A）	0.804	0.007	（B）>（A）
		16~20 年（D）	1.034	0.003	（B）>（D）
		26~30 年（F）	1.151	0.014	（B）>（F）

表5.9(续)

维度	(I) 教龄	(J) 教龄	均值差异(I-J)	Sig.	事后比较LSD法
个人修养与行为	1~5年(A)	6~10年(B)	-0.690*	0.017	(A) < (B)
		11~15年(C)	-0.878*	0.003	(A) < (C)
	26~30年(F)	6~10年(B)	-1.347*	0.003	(F) < (B)
		11~15年(C)	-1.534*	0.001	(F) < (C)
		16~20年(D)	-1.188*	0.011	(F) < (D)
		21~25年(E)	-1.074*	0.029	(F) < (E)
		31年及以上(G)	-1.206*	0.020	(F) < (G)

注:* 均值差异在0.05层级显著;表中只列出差异项。

由结合以上几个表可以看出,少数民族地区教龄为6~10年的农村教师的“对待学生的态度与行为”显著高于教龄为1~5年、16~20年、26~30年的农村教师。少数民族地区教龄为1~5年的农村教师的“个人修养与行为”显著低于教龄为6~10年、11~15年的农村教师,同时,教龄为26~30年的农村教师的“个人修养与行为”显著低于教龄为6~10年、11~15年、16~20年、21~25年以及31年及以上的农村教师。

五、少数民族地区不同年龄的农村教师“专业理念与师德”差异

将教师的年龄按不同阶段来划分,分为20岁及以下、21~30岁、31~40岁、41~50岁和51岁及以上五个阶段,为了解少数民族地区不同年龄段的农村教师在“专业理念与师德”方面是否存在差异,笔者进行了单因素方差分析,得到不同年龄的农村教师“专业理念与师德”描述性统计量,如表5.10所示。

表5.10 少数民族地区不同年龄的农村教师“专业理念与师德”描述性统计量

检验变量	年龄	个数	平均数	标准差	极小值	极大值
职业理解与认识	20岁及以下(A)	6	15.17	1.83	12.00	17.00
	21~30岁(B)	354	14.55	2.85	4.00	20.00
	31~40岁(C)	434	15.00	3.01	4.00	20.00
	41~50岁(D)	218	14.98	2.37	4.00	20.00
	51岁及以上(E)	65	14.60	3.28	4.00	20.00

表5.10(续)

检验变量	年龄	个数	平均数	标准差	极小值	极大值
对待学生的态度与行为	20 岁及以下（A）	6	20.83	1.60	18.00	22.00
	21~30 岁（B）	354	21.11	3.26	6.00	30.00
	31~40 岁（C）	434	21.38	3.42	6.00	30.00
	41~50 岁（D）	218	21.18	2.81	6.00	27.00
	51 岁及以上（E）	65	21.08	2.91	11.00	26.00
教育教学的态度与行为	20 岁及以下（A）	6	17.33	1.37	15.00	19.00
	21~30 岁（B）	354	17.75	2.81	7.00	25.00
	31~40 岁（C）	434	18.43	3.22	5.00	25.00
	41~50 岁（D）	218	17.81	2.97	5.00	25.00
	51 岁及以上（E）	65	18.09	2.54	10.00	23.00
个人修养与行为	20 岁及以下（A）	6	21.83	2.48	20.00	25.00
	21~30 岁（B）	354	22.20	3.01	5.00	25.00
	31~40 岁（C）	434	23.04	3.01	5.00	25.00
	41~50 岁（D）	218	22.32	3.61	5.00	25.00
	51 岁及以上（E）	65	22.72	2.22	17.00	25.00

为了解小数民族地区不同年龄的农村教师在“职业理解与认识”“对待学生的态度”“教育教学的态度”“个人修养与行为”方面是否存在差异，笔者进行了如表 5.11 所示的方差分析。

表 5.11 少数民族地区不同年龄的农村教师“专业理念与师德”的方差分析

检验变量		平方和	d*f*	平均值平方	*F*	*P*
职业理解与认识	群组之间	48.98	4	12.245	1.51	0.198
	在群组内	8 716.08	1 072	8.131		
	总计	8 765.06	1 076			
对待学生的态度与行为	群组之间	18.28	4	4.569	0.442	0.778
	在群组内	11 085.70	1 072	10.341		
	总计	11 03.97	1 076			
教育教学的态度与行为	群组之间	111.26	4	27.816	3.10	0.015
	在群组内	9 617.61	1 072	8.972		
	总计	9 728.88	1 076			

表5.11(续)

检验变量		平方和	df	平均值平方	F	P
个人修养与行为	群组之间	162.60	4	40.650	4.23	0.002
	在群组内	10 292.90	1 072	9.602		
	总计	10 455.50	1 076			

方差分析结果表明：少数民族地区不同年龄的农村教师，在“教育教学的态度与行为”（$F=3.10$, $P=0.015<0.05$）“个人修养与行为”（$F=4.23$, $P=0.002<0.05$）这两方面存在显著差异，对于任意两者间的比较还需要事后分析，结果如表5.12所示。

表5.12 少数民族地区不同年龄的
农村教师“专业理念与师德”的差异比较分析

维度	(I) 年龄	(J) 年龄	均值差异 (I-J)	Sig.	事后比较 LSD法
教育教学的态度与行为	31~40岁 (C)	21~30岁 (B)	0.685*	0.001	(C) > (B)
		41~50岁 (D)	0.619*	0.013	(C) > (D)
个人修养与行为	31~40岁 (C)	21~30岁 (B)	0.840*	0.000	(C) > (B)
		41~50岁 (D)	0.723*	0.005	(C) > (D)

注：* 均值差异在0.05层级显著；表中只列出差异项。

由表5.12可见，少数民族地区年龄为31~40岁的农村教师和年龄为21~30岁、41~50岁的农村教师在“教育教学的态度与行为”“个人修养与行为”上均存在显著差异。通过进一步地分析，发现少数民族地区年龄为31~40岁的农村教师的“教育教学的态度与行为”“个人修养与行为”这两个方面的得分均显著高于年龄为21~30岁、41~50岁的农村教师。

六、少数民族地区所学专业与任教专业是否一致的农村教师“专业理念与师德”差异

少数民族地区所学专业与任教专业是否一致的农村教师在“职业理解与认识”“对待学生的态度与行为”“教育教学的态度与行为”“个人修养与行为”之间的差异比较如表5.13所示。

表 5.13　少数民族地区所学专业与任教专业是否一致的农村教师“专业理念与师德”的差异

维度	是			否			T	P
	N	M	SD	N	M	SD		
职业理解与认识	866	14.90	2.75	211	14.52	3.25	1.557$^{n.s.}$	0.120
对待学生的态度与行为	866	21.32	3.05	211	20.86	3.78	1.641$^{n.s.}$	0.102
教育教学的态度与行为	866	18.01	2.95	211	18.24	3.23	−1.012$^{n.s.}$	0.312
个人修养与行为	866	22.59	3.12	211	22.61	3.16	−0.084$^{n.s.}$	0.933

注：$^{*}P>0.05$，$^{*}P<0.05$，$^{**}P<0.01$。

从表 5.13 可知，在对少数民族地区农村教师在所学专业与任教专业是否一致的四个依变量检验的 T 统计量中，在“职业理解与认识”“对待学生的态度与行为”“教育教学的态度与行为”“个人修养与行为”方面均不存在显著差异。

第二节　少数民族地区农村教师“专业知识”现状

一、少数民族地区不同性别的农村教师“专业知识”差异分析

少数民族地区不同性别的农村教师“教育知识”“学科知识”“学科教学知识”和“通识性知识”的差异比较如表 5.14 所知。

表 5.14　少数民族地区农村教师“专业知识”的性别差异

检验变量	男		女		T	P
	M	SD	M	SD		
教育知识	17.07	3.01	16.72	2.83	1.936$^{n.s.}$	0.053
学科知识	13.31	2.01	12.97	1.90	2.825**	0.005
学科教学知识	17.36	2.80	17.07	2.65	1.748$^{n.s.}$	0.81
通识性知识	16.35	2.93	15.97	2.97	2.073*	0.038

注：$^{n.s.}P>0.05$，$^{*}P<0.05$，$^{**}P<0.01$。

由表 5.14 可知，在少数民族地区农村教师性别变量在四个依变量检验的 t 统计量中，不同性别的农村教师的“教育知识”和“学科教学知识”均不存在显著差异，在“学科知识”与“通识性知识”这两个变量达到了显著水平，

说明不同性别的农村教师在“学科知识”与“通识性知识”方面存在显著性差异，且农村男教师的“学科知识”与“通识性知识”得分显著高于农村女教师。

为进一步了解少数民族地区不同性别的农村教师在“学科知识”方面的具体差异情况，笔者对不同性别的农村教师对“学科知识”的差异进一步分析，如表 5.15 所示。

表 5.15 少数民族地区农村教师“学科知识”的性别差异

维度	检验变量	男		女		T	P
		M	SD	M	SD		
学科知识	25. 理解所教学科的知识体系、基本思想与方法	4.42	0.776	4.31	0.705	2.457*	0.014
	26. 掌握所教学科内容的基本知识、基本原理与技能	4.49	0.725	4.38	0.698	2.457*	0.014
	27. 了解所教学科与其它学科的联系	4.40	0.735	4.28	0.741	2.640**	0.008

注：n.s. $P>0.05$，* $P<0.05$，** $P<0.01$，*** $P<0.001$。

从表 5.15 可知，少数民族地区不同性别的农村教师在“学科知识”的三个题项上都存在显著差异，其中，男教师的得分均高于女教师，这在一定程度上说明需提升女教师对“学科知识”的学习。

为进一步了解少数民族地区不同性别的农村教师在“通识性知识”方面的具体差异情况，笔者对不同性别的农村教师对“通识性知识”的差异进一步分析，如表 5.16 所示。

表 5.16 少数民族地区农村教师“通识性知识”的性别差异

维度	检验变量	男		女		T	P
		M	SD	M	SD		
通识性知识	32. 自然科学知识与人文社会科学知识很丰富	3.94	0.969	3.85	1.010	1.577n.s.	0.115
	33. 了解中国教育的基本情况	4.22	0.804	4.08	0.848	2.827 **	0.005
	34. 艺术欣赏与表现的知识丰富	3.90	0.998	3.76	1.032	2.278**	0.023
	35. 我的现代化信息技术知识能帮助我提升教学	4.29	0.819	4.29	0.726	-0.130n.s.	0.897

注：n.s. $P>0.05$，* $P<0.05$，** $P<0.01$，*** $P<0.001$。

由表5.16可知，在“通识性知识”方面，“了解中国教育的基本情况”与“艺术欣赏与表现的知识丰富”均存在显著差异，且男教师的得分显著高于女教师；同时，通过表中这两题的均值可以发现，农村教师的“自然科学知识与人文社会科学知识丰富”以及“艺术欣赏与表现的知识丰富”得分不太高，说明需进一步提升农村教师这些方面的知识水平。

二、少数民族地区不同级别学校农村教师“专业知识”差异

为了解少数民族地区不同级别学校的教师在“专业知识”方面是否存在差异，笔者进行了独立样本 T 检验分析，如表5.17所示。

表5.17　少数民族地区不同级别学校农村教师“专业知识”差异

检验变量	乡镇（中心）学校		村校（教学点）		T	P
	M	SD	M	SD		
教育知识	16.94	2.78	16.76	3.17	$0.944^{n.s.}$	0.345
学科知识	13.23	1.80	12.92	2.23	2.241^{*}	0.025
学科教学知识	17.32	2.55	16.96	3.01	2.084^{*}	0.037
通识性知识	16.32	2.86	15.80	3.11	3.701^{**}	0.007

注：$^{n.s.}P>0.05$，$^{*}P<0.05$，$^{**}P<0.01$。

由表5.17可以看出，少数民族地区不同级别学校农村教师在“教育知识”方面不存在显著差异，在“学科知识”“学科教学知识”“通识性知识”这三个依变量达到了显著水平，说明不同级别学校农村教师在这三个方面存在显著性差异，且乡镇（中心）学校的教师的“学科知识”“学科教学知识”“通识性知识”均显著高于村校（教学点）的教师。

为进一步了解少数民族地区不同级别学校农村教师在“学科知识”“学科教学知识”“通识性知识”方面的具体差异情况，笔者对不同级别学校农村教师在这三个方面进行差异分析，如表5.18所示。

表 5.18 少数民族地区不同级别学校

农村教师“学科知识”“学科教学知识”“通识性知识”差异

维度	检验变量	乡镇(中心)学校		村校(教学点)		T	P
		M	SD	M	SD		
学科知识	26. 掌握所教学科内容的基本知识、基本原理与技能	4.47	0.656	4.34	0.809	2.633**	0.009
学科教学知识	29. 掌握所教学科课程资源开发与校本课程开发的主要方法与策略	4.26	0.792	4.11	0.974	2.623**	0.009
通识性知识	32. 的自然科学知识与人文社会科学知识很丰富	3.94	0.954	3.79	1.061	2.195**	0.029
	33. 了解中国教育的基本情况	4.19	0.776	4.04	0.924	2.905 **	0.004
	34. 艺术欣赏与表现的知识丰富	3.88	0.992	3.72	1.065	2.326**	0.020

注：表中只列出差异项。$P>0.05$，* $P<0.05$，** $P<0.01$，*** $P<0.001$。

由表 5.18 可知，少数民族地区不同级别学校农村教师在“学科知识”的“掌握所教学科内容的基本知识、基本原理与技能”上存在显著性差异，且乡镇（中心）学校的教师显著高于村校（教学点）的教师。其中，在“学科教学知识”的“掌握所教学科课程资源开发与校本课程开发的主要方法与策略”上存在显著性差异，且乡镇（中心）学校的教师显著高于村校（教学点）的教师。

三、少数民族地区不同任教学段的农村教师“专业知识”差异分析

本次研究主要针对少数民族地区高中、初中和小学这三个任教学段的农村教师，为了解不同任教学段的农村教师在“专业知识”方面是否存在差异，笔者进行了描述统计和单因素方差分析，得到不同任教学段的农村教师“专业知识”的描述性统计量如表 5.19 所示。

表 5.19 少数民族地区不同任教学段的农村教师“专业知识”描述性统计量

检验变量	任教学段	个数	平均数	标准差
教育知识	高中（A）	17	16.00	2.739
	初中（B）	367	16.95	2.60
	小学（C）	693	16.87	3.08

表5.19(续)

检验变量	任教学段	个数	平均数	标准差
学科知识	高中（A）	17	13.29	1.49
	初中（B）	367	13.31	1.68
	小学（C）	693	13.02	2.09
学科教学知识	高中（A）	17	16.82	1.85
	初中（B）	367	17.48	2.40
	小学（C）	693	17.06	2.88
通识性知识	高中（A）	17	15.41	2.90
	初中（B）	367	16.38	2.77
	小学（C）	693	16.04	3.04

为了解少数民族地区不同任教学段的农村教师在“教育知识”“学科知识”“学科教学知识”“通识性知识”方面是否存在差异，笔者进行了如表5.20所示的方差分析。

表5.20　少数民族地区不同任教学段的农村教师“专业知识”方差分析表

检验变量		平方和	df	平均值平方	F	P
教育知识	群组之间	14.85	2	7.43	$0.873^{n.s.}$	0.418
	在群组内	9 132.70	1 074	8.50		
	总计	9 147.55	1 076			
学科知识	群组之间	20.91	2	10.45	$2.740^{n.s.}$	0.065
	在群组内	4 097.17	1 074	3.82		
	总计	4 118.08	1 076			
学科教学知识	群组之间	44.29	2	22.14	$3.012^{n.s.}$	0.050
	在群组内	7 894.18	1 074	7.35		
	总计	7 938.47	1 076			
通识性知识	群组之间	36.10	2	18.05	$2.072^{n.s.}$	0.126
	在群组内	9 356.01	1 074	8.71		
	总计	9 392.11	1 076			

注：$^{n.s.}P>0.05$，$^{*}P<0.05$，$^{**}P<0.01$，$^{***}P<0.001$。

由表5.20可看出，少数民族地区不同任教学段的农村教师在“教育知识”“学科知识”“学科教学知识”以及“通识性知识”方面均未达到显著，说明无论是高中、初中还是小学老师在专业知识方面均不存在差异。

四、少数民族地区不同教龄的农村教师“专业知识”差异分析

为了解少数民族地区不同教龄的农村教师在“专业知识”方面是否存在差异，笔者进行了方差分析，结果如表 5.21 所示。

表 5.21　少数民族地区不同教龄的农村教师“专业知识”描述性统计量

检验变量	教龄	个数	平均数	标准差	极小值	极大值
教育知识	1~5 年（A）	311	16.19	2.95	4.00	20.00
	6~10 年（B）	185	16.99	2.69	8.00	20.00
	11~15 年（C）	178	17.56	2.69	4.00	20.00
	16~20 年（D）	148	17.30	3.02	4.00	20.00
	21~25 年（E）	108	16.94	3.04	4.00	20.00
	26~30 年（F）	63	16.35	3.57	4.00	20.00
	31 年及以上（G）	84	17.36	2.23	11.00	20.00
学科知识	1~5 年（A）	311	12.53	1.98	3.00	15.00
	6~10 年（B）	185	13.23	1.69	6.00	15.00
	11~15 年（C）	178	13.54	1.79	3.00	15.00
	16~20 年（D）	148	13.51	1.97	3.00	15.00
	21~25 年（E）	108	13.25	1.78	3.00	15.00
	26~30 年（F）	63	12.94	2.92	3.00	15.00
	31 年及以上（G）	311	13.50	1.49	10.00	15.00
学科教学知识	1~5 年（A）	311	16.38	2.85	7.00	20.00
	6~10 年（B）	185	17.38	2.41	9.00	20.00
	11~15 年（C）	178	17.78	2.46	5.00	20.00
	16~20 年（D）	148	17.72	2.66	5.00	20.00
	21~25 年（E）	108	17.44	2.65	12.00	20.00
	26~30 年（F）	63	16.89	3.47	7.00	20.00
	31 年及以上（G）	84	17.67	2.17	10.00	20.00

表5.21(续)

检验变量	教龄	个数	平均数	标准差	极小值	极大值
通识性知识	1~5 年（A）	311	15.64	2.88	4.00	20.00
	6~10 年（B）	185	16.65	2.75	9.00	20.00
	11~15 年（C）	178	16.65	2.97	4.00	20.00
	16~20 年（D）	148	16.35	3.13	4.00	20.00
	21~25 年（E）	108	15.81	2.81	7.00	20.00
	26~30 年（F）	63	15.60	3.37	5.00	20.00
	31 年及以上（G）	84	16.30	2.84	7.00	20.00

为了解少数民族地区不同教龄的农村教师在“教育知识”“学科知识”“学科教学知识”“通识性知识”方面是否存在差异，笔者进行了如表 5.22 所示的方差分析。

表 5.22　少数民族地区不同教龄的农村教师“专业知识”方差分析

检验变量		平方和	*df*	平均值平方	*F*	*P*
教育知识	群组之间	295.76	6	49.29	5.96	0.000
	在群组内	8 851.80	1 070	8.27		
	总计	9 147.55	1 076			
学科知识	群组之间	180.11	6	30.02	8.16	0.000
	在群组内	3 937.97	1 070	3.68		
	总计	4 118.08	1 076			
学科教学知识	群组之间	346.19	6	57.70	8.13	0.000
	在群组内	7 592.27	1 070	7.10		
	总计	7 938.47	1 076			
通识性知识	群组之间	211.18	6	35.20	4.10	0.000
	在群组内	9 180.93	1 070	8.58		
	总计	9 392.11	1 076			

从表 5.22 可看出，对于“教育知识”“学科知识”“学科教学知识”“通识性知识”这四个变量，整体检验的 F 值分别为 5.96（$P=0.000<0.05$）、8.16（$P=0.000<0.05$）、8.13（$P=0.000<0.05$）、4.10（$P=0.000<0.05$），达到显著水平，表示不同教龄的农村教师在“教育知识”“学科知识”“学科教学知识”“通识性知识”方面均有显著差异存在，至于具体是哪些教龄段的差异达到显著，需要进行事后比较才能知晓，具体如表 5.23 所示。

表 5.23　少数民族地区不同教龄的农村教师“专业知识”的事后分析

维度	(I)教龄	(J)教龄	均值差异(I-J)	Sig.	事后比较 LSD 法
教育知识	1~5 年(A)	6~10 年(B)	-0.802 69*	0.003	(A)<(B)
		11~15 年(C)	-1.364 07*	0.000	(A)<(C)
		16~20 年(D)	-1.117 56*	0.000	(A)<(D)
		21~25 年(E)	-0.757 95*	0.018	(A)<(E)
		31 年及以上(G)	-1.170 65*	0.001	(A)<(G)
	26~30 年(F)	11~15 年(C)	-1.201 36*	0.004	(F)<(C)
		16~20 年(D)	-0.954 85*	0.028	(F)<(D)
		31 年及以上(G)	-1.007 94*	0.036	(F)<(G)
学科知识	1~5 年(A)	6~10 年(B)	-0.693 26*	0.000	(A)<(B)
		11~15 年(C)	-1.011 18*	0.000	(A)<(C)
		16~20 年(D)	-0.979 75*	0.000	(A)<(D)
		21~25 年(E)	-0.716 24*	0.001	(A)<(E)
		31 年及以上(G)	-0.966 24*	0.000	(A)<(G)
	26~30 年(F)	11~15 年(C)	-0.608 44*	0.031	(F)<(C)
		16~20 年(D)	-0.577 01*	0.046	(F)<(D)
学科教学知识	1~5 年(A)	6~10 年(B)	-0.998 96*	0.000	(A)<(B)
		11~15 年(C)	-1.401 48*	0.000	(A)<(C)
		16~20 年(D)	-1.343 55*	0.000	(A)<(D)
		21~25 年(E)	-1.055 76*	0.000	(A)<(E)
		31 年及以上(G)	-1.287 25*	0.000	(A)<(G)
	26~30 年(F)	11~15 年(C)	-0.892 01*	0.023	(F)<(C)
		16~20 年(D)	-0.834 08*	0.038	(F)<(D)

表5.23(续)

维度	(I)教龄	(J)教龄	均值差异(I-J)	Sig.	事后比较LSD法
通识性知识	1~5年(A)	6~10年(B)	-1.010 97*	0.000	(A)<(B)
		11~15年(C)	-1.008 60*	0.000	(A)<(C)
		16~20年(D)	-0.708 26*	0.016	(A)<(D)
	21~25年(E)	6~10年(B)	-0.848 50*	0.017	(E)<(B)
		11~15年(C)	-0.846 13*	0.018	(E)<(C)
	26~30年(F)	6~10年(B)	-1.050 88*	0.014	(F)<(B)
		11~15年(C)	-1.048 51*	0.015	(F)<(C)

注:* 均值差异在0.05层级显著。

由表5.23可以看出，少数民族地区具有1~5年教龄的农村教师在“教育知识”“学科知识”“学科教学知识”上的得分均显著低于具有6~10年、11~15年、16~20年、21~25年和31年及以上教龄的农村教师；少数民族地区教龄为26~30年的农村教师在“教育知识”上的得分显著低于教龄为11~15年、16~20年和31年及以上的农村教师；少数民族地区教龄为26~30年的农村教师在“学科知识”“学科教学知识”和“通识性知识”上的得分显著低于教龄为11~15年、16~20年的农村教师；少数民族地区教龄为21~25年的农村教师在“通识性知识”上的得分显著低于教龄为11~15年、16~20年的农村教师。

综上，可以看出，教龄为1~5年的农村教师在“教育知识”“学科知识”“学科教学知识”“通识性知识”这四方面总体得分较低，说明这个教龄阶段的农村教师的专业知识不够扎实，这可能与教师刚入职，对教育教学工作不熟悉有关。基于此，新入职的教师应该不断学习和丰富自己的专业知识，以便更好地进行教育教学工作。

五、少数民族地区不同年龄的农村教师“专业知识”差异分析

为了解少数民族地区不同年龄段的农村教师在“专业知识”方面是否存在差异，笔者进行了单因素方差分析，得到不同年龄的农村教师“专业知识”的描述性统计量，如表5.24所示。

表 5.24　少数民族地区不同年龄的农村教师“专业知识”描述性统计量

检验变量	年龄	个数	平均数	标准差	极小值	极大值
教育知识	20 岁及以下(A)	6	15.83	1.94	13.00	18.00
	21~30 岁(B)	354	16.16	2.94	4.00	20.00
	31~40 岁(C)	434	17.43	2.733	4.00	20.00
	41~50 岁(D)	218	16.90	3.186	4.00	20.00
	51 岁及以上(E)	65	17.23	2.206	11.00	20.00
学科知识	20 岁及以下(A)	6	13.83	1.47	12.00	15.00
	21~30 岁(B)	354	12.59	1.97	3.00	15.00
	31~40 岁(C)	434	13.45	1.81	3.00	15.00
	41~50 岁(D)	218	13.18	2.18	3.00	15.00
	51 岁及以上(E)	65	13.60	1.41	11.00	15.00
学科教学知识	20 岁及以下(A)	6	17.33	2.66	14.00	20.00
	21~30 岁(B)	354	16.48	2.80	4.00	20.00
	31~40 岁(C)	434	17.69	2.47	4.00	20.00
	41~50 岁(D)	218	17.24	2.98	4.00	20.00
	51 岁及以上(E)	65	17.77	1.97	13.00	20.00
通识性知识	20 岁及以下(A)	6	14.67	2.81	11.00	18.00
	21~30 岁(B)	354	15.71	2.87	4.00	20.00
	31~40 岁(C)	434	16.66	2.87	4.00	20.00
	41~50 岁(D)	218	15.81	3.14	4.00	20.00
	51 岁及以上(E)	65	16.37	2.81	7.00	20.00

为了解少数民族地区不同年龄的农村教师在“教育知识”“学科知识”“学科教学知识”“通识性知识”方面是否存在差异分析，笔者进行了如表 5.25 所示的方差分析。

表 5.25　少数民族地区不同年龄的农村教师“专业知识”的事后分析

检验变量		平方和	df	平均值平方	F	P
教育知识	群组之间	330.008	4	82.502	10.030	0.000
	在群组内	8 817.541	1 072	8.225		
	总计	9 147.549	1 076			
学科知识	群组之间	164.176	4	41.044	11.128	0.000
	在群组内	3 953.902	1 072	3.688		
	总计	4 118.078	1 076			
学科教学知识	群组之间	311.054	4	77.763	10.929	0.000
	在群组内	7 627.414	1 072	7.115		
	总计	7 938.468	1 076			
通识性知识	群组之间	223.172	4	55.793	6.523	0.000
	在群组内	9 168.941	1 072	8.553		
	总计	9 392.113	1 076			

由表 5.25 可看出，对于“教育知识”“学科知识”“学科教学知识”“通识性知识”这四个变量，整体检验的 F 值分别为 10.030（$P=0.000<0.05$）、11.128（$P=0.000<0.05$）、10.929（$P=0.000<0.05$）、6.523（$P=0.000<0.05$），均达到显著水平，这表示不同年龄的农村教师在这四个方面均存在显著差异，至于是哪些年龄段之间的差异达到显著，需要进行如表 5.26 所示的事后比较才能知晓。

表 5.26　少数民族地区不同年龄的农村教师“专业知识”的事后分析

检验变量	(I)年龄	(J)年龄	均值差异(I-J)	Sig.	事后比较 LSD 法
教育知识	21~30 岁(B)	31~40 岁(C)	-1.270 90*	0.000	(B)<(C)
		41~50 岁(D)	-0.739 13*	0.003	(B)<(D)
		51 岁及以上(E)	-1.075 40*	0.006	(B)<(E)
学科知识	21~30 岁(B)	31~40 岁(C)	-0.856 09*	0.000	(B)<(C)
		41~50 岁(D)	-0.590 27*	0.000	(B)<(D)
		51 岁及以上(E)	-1.006 78*	0.000	(B)<(E)

表5.26(续)

检验变量	(I)年龄	(J)年龄	均值差异(I-J)	Sig.	事后比较 LSD 法
学科教学知识	21~30 岁(B)	31~40 岁(C)	−1.213 84*	0.000	(B)<(C)
		41~50 岁(D)	−0.761 13*	0.001	(B)<(D)
		51 岁及以上(E)	−1.291 83*	0.000	(B)<(E)
通识性知识	31~40 岁(C)	21~30 岁(B)	0.949 95*	0.000	(C)>(B)
		41~50 岁(D)	0.851 65*	0.000	(C)>(D)

注：* 均值差异在 0.05 层级显著。

由表 5.26 可以看出，少数民族地区年龄为 21~30 岁的农村教师在“教育知识”“学科知识”“学科教学知识”上的得分均显著低于年龄为 31~40 岁、41~50 岁、51 岁及以上的农村教师；少数民族地区年龄为 31~40 岁的农村教师在“通识性知识”上的得分显著高于年龄为 21~30 岁、41~50 岁的农村教师。

综上，可以看出，年龄为 21~30 岁的农村教师在“教育知识”“学科知识”“学科教学知识”“通识性知识”这四个方面总体得分较低，说明这个年龄阶段的农村教师的专业知识不够扎实，这可能与教师缺乏相应的教学经验有关。基于此，少数民族地区的年轻教师应该不断学习和积累丰富的专业知识，以便更好地进行教育教学工作。

六、少数民族地区所学专业与任教专业是否一致的农村教师“专业知识”差异分析

少数民族地区所学专业与任教专业是否一致的农村教师在“教育知识”“学科知识”“学科教学知识”“通识性知识”方面的差异比较如表 5.27 所示。

表 5.27　少数民族地区所学专业与任教专业是否一致的农村教师“专业知识”的差异

检验变量	是			否			T	P
	N	M	SD	N	M	SD		
教育知识	866	16.87	2.89	211	16.93	3.04	$-0.297^{n.s.}$	0.767
学科知识	866	13.16	1.918	211	12.99	2.10	$1.117^{n.s.}$	0.264
学科教学知识	866	17.24	2.68	211	17.05	2.88	$0.902^{n.s.}$	0.367
通识性知识	866	16.13	2.93	211	16.21	3.05	$-0.344^{n.s.}$	0.731

注：$^{n.s.}P>0.05$，$^{*}P<0.05$，$^{**}P<0.01$。

由表 5.27 可知，少数民族地区农村教师所学专业与任教专业是否一致在

“教育知识”“学科知识”“学科教学知识”“通识性知识”这四个方面均不存在显著差异。

第三节 少数民族地区农村教师“专业能力”现状

一、少数民族地区不同性别的农村教师“专业能力”差异分析

少数民族地区不同性别的农村教师教学设计能力、教学实施能力、班级管理及教育活动能力、教育教学评价能力、沟通与合作能力、反思与发展能力的差异比较可由表5.28所知。农村教师性别变量在四个依变量检验的 T 统计量中，不同性别的农村教师在教学设计能力、班级管理能力、教育教学评价能力、沟通与合作能力、反思与发展能力方面均不存在显著差异，教学实施能力这个依变量达到了显著水平，说明不同性别的农村教师在教学实施能力方面存在显著性差异，且农村男教师的教学实施能力显著高于农村女教师。

表5.28 少数民族地区农村教师“专业能力”的性别差异

检验变量	男		女		T	P
	M	SD	M	SD		
教学设计	12.99	2.11	12.81	2.01	$1.391^{n.s.}$	0.164
教学实施	21.86	3.26	21.47	2.86	2.059^{*}	0.040
班级管理及教育活动	6.60	1.677	6.63	1.58	$-0.250^{n.s.}$	0.803
教育教学评价	10.75	1.95	10.54	1.719	$1.864^{n.s.}$	0.063
沟通与合作	16.18	2.69	15.97	2.467	$1.360^{n.s.}$	0.174
反思与发展	13.17	2.18	13.04	1.92	$1.023^{n.s.}$	0.307

注：$^{n.s.}P>0.05$，$^{*}P<0.05$，$^{**}P<0.01$。

由表5.28可知，不同性别的少数民族地区农村教师的“专业能力”在“教学实施”方面存在显著性差异（$P=0.040<0.050$）。为了进一步了解少数民族地区不同性别的农村教师在教学实施能力方面的具体差异情况，笔者对不同性别的农村教师对教学实施能力的差异进一步分析，结果如表5.29所示。

表 5.29　少数民族地区农村教师教学实施能力的性别差异

检验变量	男		女		T	P
	M	SD	M	SD		
41. 能较好地处理课堂偶发事件	4.43	0.752	4.31	0.697	2.639**	0.008
43. 能较好地使用口头语言、肢体语言与书面语言，使用普通话教学，规范书写钢笔字、粉笔字、毛笔字	4.31	0.786	4.13	0.855	3.579***	0.000

注：表中只列出差异项，* $P<0.05$，** $P<0.01$，*** $P<0.001$。

从表 5.29 得知，少数民族地区不同性别的农村教师在"能较好地处理课堂偶发事件"和"能较好地使用口头语言、肢体语言与书面语言，使用普通话教学，规范书写钢笔字、粉笔字、毛笔字"这两题上均存在显著差异，其中，男教师的得分均高于女教师，说明农村女教师在处理课堂突发事件以及使用口头语言、肢体语言、使用普通话、规范"三笔字"等方面做得不如农村男教师。

二、少数民族地区不同级别学校的农村教师"专业能力"差异分析

为了解少数民族地区不同级别学校的教师在"专业能力"方面是否存在差异，笔者进行了独立样本 T 检验分析，结果如表 5.30 所示。

表 5.30　少数民族地区不同级别学校农村教师"专业能力"差异

检验变量	乡镇（中心）校		村校（教学点）		T	P
	M	SD	M	SD		
教学实施	21.78	2.95	21.37	3.25	2.071*	0.039
班级管理及教育活动	6.71	1.65	6.43	1.56	2.735*	0.006
教育教学评价	10.73	1.795	10.45	1.89	2.403*	0.016
反思与发展	13.21	1.95	12.88	2.20	2.440*	0.015

注：表中只列出差异项，* $P<0.05$，** $P<0.01$。

由表 5.30 可以看出，少数民族地区不同级别学校的农村教师在"教学实施""班级管理及教育活动""教育教学评价""反思与发展"这四种能力上均达到了显著水平，说明不同级别学校农村教师在这四种能力上存在显著性差异，且乡镇（中心）学校的教师的这四种能力均显著高于村校（教学点）的教师。

三、少数民族地区不同任教学段的农村教师“专业能力”差异分析

为了解少数民族地区不同任教学段的农村教师在“专业能力”方面是否存在差异，笔者进行了描述统计和单因素方差分析，得到不同任教学段的农村教师“专业能力”的描述性统计量如表 5. 31 所示。

表 5. 31　少数民族地区不同任教学段的农村教师“专业能力”描述性统计量

检验变量	任教学段	个数	平均数	标准差
教学设计	高中（A）	17	12. 47	2. 53
	初中（B）	367	13. 02	1. 85
	小学（C）	693	12. 84	2. 15
教学实施	高中（A）	17	20. 18	2. 92
	初中（B）	367	21. 78	2. 86
	小学（C）	693	21. 61	3. 15
班级管理及教育活动	高中（A）	17	6. 65	1. 73
	初中（B）	367	6. 59	1. 54
	小学（C）	693	6. 62	1. 67
教育教学评价	高中（A）	17	10. 59	1. 87
	初中（B）	367	10. 64	1. 676
	小学（C）	693	10. 63	1. 912
沟通与合作	高中（A）	17	15. 53	2. 83
	初中（B）	367	15. 99	2. 49
	小学（C）	693	16. 12	2. 60
反思与发展	高中（A）	17	12. 59	1. 80
	初中（B）	367	13. 23	1. 91
	小学（C）	693	13. 04	2. 108

为了解少数民族地区不同任教学段的农村教师在“教学设计”“教学实施”“班级管理及教育活动”“教育教学评价”“沟通与合作”“反思与发展”这六种专业能力上是否存在显著差异，笔者进行了方差分析，结果如表 5. 32 所示。

表 5.32　少数民族地区不同任教学段的农村教师的“专业能力”的方差分析

检验变量		平方和	df	平均值平方	F	P
教学设计	群组之间	10.821	2	5.411	$1.277^{n.s.}$	0.279
	在群组内	4 552.323	1 074	4.239		
	总计	4 563.144	1 076			
教学实施	群组之间	44.380	2	22.190	$2.385^{n.s.}$	0.093
	在群组内	9 993.837	1 074	9.305		
	总计	10 038.217	1 076			
班级管理及教育活动	群组之间	0.246	2	0.123	$0.046^{n.s.}$	0.955
	在群组内	2 846.842	1 074	2.651		
	总计	2 847.088	1 076			
教育教学评价	群组之间	0.061	2	0.031	$0.009^{n.s.}$	0.991
	在群组内	3 613.261	1 074	3.364		
	总计	3 613.322	1 076			
沟通与合作	群组之间	8.873	2	4.436	$0.673^{n.s.}$	0.510
	在群组内	7 078.043	1 074	6.590		
	总计	7 086.916	1 076			
反思与发展	群组之间	13.418	2	6.709	$1.615^{n.s.}$	0.199
	在群组内	4 461.751	1 074	4.154		
	总计	4 475.170	1 076			

注：$^{n.s.}P>0.05$，$^{*}P<0.05$，$^{**}P<0.01$。

由表 5.32 的方差分析可以看出，“教学设计”“教学实施”“班级管理及教育活动”“教育教学评价”“沟通与合作”“反思与发展”这六个变量，整体检验的 F 值分别为 1.277（$P=0.279>0.05$）、2.385（$P=0.093>0.05$）、0.046（$P=0.955>0.05$）、0.009（$P=0.991>0.05$）、0.673（$P=0.510>0.05$）、1.615（$P=0.199>0.05$），均未达到显著水平，表示不同任教学段的农村教师在这六个方面均不存在显著差异。

四、少数民族地区不同教龄的农村教师“专业能力”差异分析

为了解少数民族地区不同教龄的农村教师的“专业能力”是否存在差异，笔者进行了描述性统计和方差分析，结果如表 5.33 所示。

表 5.33 少数民族地区不同教龄的农村教师"专业能力"描述性统计量

检验变量	教龄	个数	平均数	标准差
教学设计	1~5 年（A）	311	12.37	1.99
	6~10 年（B）	185	12.92	1.94
	11~15 年（C）	178	13.40	1.90
	16~20 年（D）	148	13.22	2.18
	21~25 年（E）	108	13.11	1.69
	26~30 年（F）	63	12.44	2.78
	31 年及以上（G）	84	13.21	2.05
教学实施	1~5 年（A）	311	20.70	2.88
	6~10 年（B）	185	21.77	2.77
	11~15 年（C）	178	22.18	3.03
	16~20 年（D）	148	22.22	3.18
	21~25 年（E）	108	22.15	2.69
	26~30 年（F）	63	21.08	4.38
	31 年及以上（G）	311	22.51	2.47
班级管理及教育活动	1~5 年（A）	311	6.61	1.66
	6~10 年（B）	185	6.71	1.66
	11~15 年（C）	178	6.80	1.81
	16~20 年（D）	148	6.72	1.65
	21~25 年（E）	108	6.31	1.29
	26~30 年（F）	63	6.05	1.28
	31 年及以上（G）	84	6.67	1.52

表5.33(续)

检验变量	教龄	个数	平均数	标准差
教育教学评价	1~5年（A）	311	10.36	1.78
	6~10年（B）	185	10.71	1.71
	11~15年（C）	178	11.04	2.05
	16~20年（D）	148	10.89	1.96
	21~25年（E）	108	10.67	1.65
	26~30年（F）	63	10.13	1.80
	31年及以上（G）	84	10.52	1.64
沟通与合作	1~5年（A）	311	15.66	2.43
	6~10年（B）	185	16.48	2.40
	11~15年（C）	178	16.36	2.77
	16~20年（D）	148	16.47	2.63
	21~25年（E）	108	15.93	2.50
	26~30年（F）	63	15.17	2.88
	31年及以上（G）	84	16.19	2.35
反思与发展	1~5年（A）	311	12.62	1.88
	6~10年（B）	185	13.32	1.77
	11~15年（C）	178	13.45	2.10
	16~20年（D）	148	13.30	2.37
	21~25年（E）	108	13.27	1.95
	26~30年（F）	63	12.71	2.52
	31年及以上（G）	84	13.38	1.80

为了解少数民族地区不同教龄的农村教师在“教学设计”“教学实施”“班级管理及教育活动”“教育教学评价”“沟通与合作”“反思与发展”这六种能力上是否存在显著差异，笔者进行了方差分析，结果如表5.34所示。

表 5.34 少数民族地区不同教龄的农村教师的“专业能力”的方差分析

检验变量		平方和	df	平均值平方	F	P
教学设计	群组之间	173.865	6	28.978	7.064**	0.000
	在群组内	4 389.279	1 070	4.102		
	总计	4 563.144	1 076			
教学实施	群组之间	490.912	6	81.819	9.170**	0.000
	在群组内	9 547.305	1 070	8.923		
	总计	10 038.217	1 076			
班级管理及教育活动	群组之间	39.690	6	6.615	2.521*	0.020
	在群组内	2 807.398	1 070	2.624		
	总计	2 847.088	1 076			
教育教学评价	群组之间	80.211	6	13.368	4.049**	0.001
	在群组内	3 533.111	1 070	3.302		
	总计	3 613.322	1 076			
沟通与合作	群组之间	175.862	6	29.310	4.538**	0.000
	在群组内	6 911.053	1 070	6.459		
	总计	7 086.916	1 076			
反思与发展	群组之间	128.320	6	21.387	5.264**	0.000
	在群组内	4 346.850	1 070	4.062		
	总计	4 475.170	1 076			

注：$^{n.s.}P>0.05$，$^{*}P<0.05$，$^{**}P<0.01$。

从表 5.34 中可以看出，对于少数民族地区不同教龄的农村教师在以上六种能力上的整体检验 F 值分别为 7.064（$P=0.000<0.05$）、9.170（$P=0.000<0.05$）、2.521（$P=0.020<0.05$）、4.049（$P=0.001<0.05$）、4.538（$P=0.000<0.05$）、5.264（$P=0.000<0.05$），均达到显著水平，表示不同教龄的农村教师在这六种专业能力之间有显著差异存在，至于是哪些教龄段之间的差异达到显著，需要进行如表 5.35 至表 5.37 所示的事后比较才能知晓。

表 5.35　少数民族地区不同教龄的
农村教师在“教学设计”“教学实施”的事后分析

检验变量	(I)教龄	(J)教龄	均值差异(I-J)	Sig.	事后比较LSD法
教学设计	1~5 年(A)	6~10 年(B)	-0.557 76*	0.003	(A)<(B)
		11~15 年(C)	-1.032 32*	0.000	(A)<(C)
		16~20 年(D)	-0.849 66*	0.000	(A)<(D)
		21~25 年(E)	-0.744 55*	0.001	(A)<(E)
		31 年及以上(G)	-0.847 73*	0.001	(A)<(G)
	26~30 年(F)	11~15 年(C)	-0.954 43*	0.001	(F)<(C)
		16~20 年(D)	-0.771 77*	0.011	(F)<(D)
		21~25 年(E)	-0.666 67*	0.038	(F)<(E)
		31 年及以上(G)	-0.769 84*	0.023	(F)<(G)
教学实施	1~5 年(A)	6~10 年(B)	-1.066 60*	0.025	(A)<(B)
		11~15 年(C)	-1.478 81*	0.000	(A)<(C)
		16~20 年(D)	-1.522 01*	0.000	(A)<(D)
		21~25 年(E)	-1.447 18*	0.000	(A)<(E)
		31 年及以上(G)	-1.810 94*	0.000	(A)<(G)
	26~30 年(F)	11~15 年(C)	-1.100 41*	0.012	(F)<(C)
		16~20 年(D)	-1.143 61*	0.011	(F)<(D)
		21~25 年(E)	-1.068 78*	0.024	(F)<(E)
		31 年及以上(G)	-1.432 54*	0.004	(F)<(G)

注：* 均值差异在 0.05 层级显著。

由表 5.35 可以看出，少数民族地区教龄为 1~5 年的农村教师在“教学设计”“教学实施”方面显著低于教龄为 6~10 年、11~15 年、16~20 年、21~25 年和 31 年及以上的农村教师；教龄为 26~30 年的农村教师在“教学设计”“教学实施”方面显著低于教龄为 11~15 年、16~20 年、21~25 年和 31 年及以上的农村教师。

对少数民族地区不同教龄的农村教师“班级管理及教育活动”“教育教学评价”的事后分析如表 5.36 所示。

表 5.36　少数民族地区不同教龄的农村教师在“班级管理及教育活动”“教育教学评价”的事后分析

维度	(I)教龄	(J)教龄	均值差异(I-J)	Sig.	事后比较 LSD 法
班级管理及教育活动	21~25 年(E)	6~10 年(B)	-0.393 29*	0.045	(E)<(B)
		11~15 年(C)	-0.488 56*	0.014	(E)<(C)
	26~30 年(F)	1~5 年(A)	-0.560 10*	0.012	(F)<(A)
		6~10 年(B)	-0.660 49*	0.005	(F)<(B)
		11~15 年(C)	-0.755 75*	0.002	(F)<(C)
		16~20 年(D)	-0.668 60*	0.006	(F)<(D)
		31 年及以上(G)	-0.619 05*	0.022	(F)<(G)
教育教学评价	1~5 年(A)	6~10 年(B)	-0.344 76*	0.041	(A)<(B)
		11~15 年(C)	-0.675 98*	0.000	(A)<(C)
		16~20 年(D)	-0.528 55*	0.004	(A)<(D)
	26~30 年(F)	6~10 年(B)	-0.581 12*	0.029	(F)<(B)
		11~15 年(C)	-0.912 34*	0.001	(F)<(C)
		16~20 年(D)	-0.764 91*	0.005	(F)<(D)

注：* 均值差异在 0.05 层级显著。

由表 5.36 可以看出，少数民族地区教龄为 21~25 年的农村教师在“班级管理及教育活动”方面的得分显著低于教龄为 6~10 年、11~15 年的农村教师；教龄为 26~30 年的农村教师在“班级管理及教育活动”方面显著低于教龄为 1~5 年、6~10 年、11~15 年、16~20 年和 31 年及以上的农村教师。在教育教学评价方面，少数民族地区教龄为 1~5 年的农村教师的得分显著低于教龄为 6~10 年、11~15 年和 16~20 年的教师，教龄为 26~30 年的农村教师的得分显著低于教龄为 6~10 年、11~15 年、16~20 年的农村教师。

对少数民族地区不同教龄的农村教师在“沟通与合作”“反思与发展”的事后分析如表 5.37。

表 5.37　少数民族地区不同教龄的农村教师在“沟通与合作”“反思与发展”的事后分析

维度	(I)教龄	(J)教龄	均值差异(I-J)	Sig.	事后比较 LSD 法
沟通与合作	1~5 年(A)	6~10 年(B)	-0.818 70*	0.001	(A)<(B)
		11~15 年(C)	-0.697 17*	0.004	(A)<(C)
		16~20 年(D)	-0.810 59*	0.001	(A)<(D)
	26~30 年(F)	6~10 年(B)	-1.306 48*	0.000	(F)<(B)
		11~15 年(C)	-1.184 95*	0.002	(F)<(C)
		16~20 年(D)	-1.298 37*	0.001	(F)<(D)
		31 年及以上(G)	-1.015 87*	0.017	(F)<(G)
反思与发展	1~5 年(A)	6~10 年(B)	-0.706 96*	0.000	(A)<(B)
		11~15 年(C)	-0.832 07*	0.000	(A)<(C)
		16~20 年(D)	-0.679 93*	0.001	(A)<(D)
		21~25 年(E)	-0.651 16*	0.004	(A)<(E)
		31 年及以上(G)	-0.763 59*	0.002	(A)<(G)
	26~30 年(F)	6~10 年(B)	-0.610 04*	0.038	(F)<(B)
		11~15 年(C)	-0.735 15*	0.013	(F)<(C)
		31 年及以上(G)	-0.666 67*	0.047	(F)<(G)

注：* 均值差异在 0.05 层级显著。

由表 5.37 可以看出，少数民族地区教龄为 1~5 年的农村教师在“沟通与合作”“反思与发展”方面显著低于教龄为 6~10 年、11~15 年和 16~20 年的农村教师；教龄为 26~30 年的农村教师在“沟通与合作”“反思与发展”方面显著低于教龄为 6~10 年、11~15 年和 31 年及以上的农村教师。

综上可看出，少数民族地区教龄为 1~5 年、26~30 年的农村教师在“教学设计”“教学实施”“班级管理及教育活动”“教育教学评价”“沟通与合作”“反思与发展”这六个方面的能力较低。

五、少数民族地区不同年龄的农村教师“专业能力”差异分析

为了解少数民族地区不同年龄段的农村教师的“专业能力”是否存在差异，笔者进行了描述性统计和单因素方差分析，得到少数民族地区不同年龄的

农村教师“专业能力”的描述性统计量，如表 5.38 所示。

表 5.38　少数民族地区不同年龄的农村教师“专业能力”描述性统计量

检验变量	年龄	个数	平均数	标准差	极小值	极大值
教学设计	20 岁及以下（A）	6	12.17	1.94	10.00	15.00
	21~30 岁（B）	354	12.40	1.97	3.00	15.00
	31~40 岁（C）	434	13.25	2.00	3.00	15.00
	41~50 岁（D）	218	12.96	2.16	3.00	15.00
	51 岁及以上（E）	65	13.06	2.12	5.00	15.00
教学实施	20 岁及以下（A）	6	20.33	4.59	14.00	25.00
	21~30 岁（B）	354	20.77	2.89	5.00	25.00
	31~40 岁（C）	434	22.16	2.92	5.00	25.00
	41~50 岁（D）	218	21.90	3.36	5.00	25.00
	51 岁及以上（E）	65	22.25	2.51	15.00	25.00
班级管理及教育活动	20 岁及以下（A）	6	6.67	1.97	5.00	10.00
	21~30 岁（B）	354	6.55	1.63	2.00	10.00
	31~40 岁（C）	434	6.86	1.74	2.00	10.00
	41~50 岁（D）	218	6.28	1.41	2.00	10.00
	51 岁及以上（E）	65	6.45	1.21	5.00	10.00
教育教学评价	20 岁及以下（A）	6	10.50	1.05	9.00	12.00
	21~30 岁（B）	354	10.34	1.71	3.00	15.00
	31~40 岁（C）	434	10.99	1.95	3.00	15.00
	41~50 岁（D）	218	10.46	1.82	3.00	15.00
	51 岁及以上（E）	65	10.46	1.37	6.00	15.00
沟通与合作	20 岁及以下（A）	6	16.00	2.61	12.00	20.00
	21~30 岁（B）	354	15.68	2.37	4.00	20.00
	31~40 岁（C）	434	16.51	2.65	4.00	20.00
	41~50 岁（D）	218	15.84	2.67	4.00	20.00
	51 岁及以上（E）	65	15.98	2.25	8.00	20.00
反思与发展	20 岁及以下（A）	6	13.00	1.79	10.00	15.00
	21~30 岁（B）	354	12.68	1.83	3.00	15.00
	31~40 岁（C）	434	13.42	2.08	3.00	15.00
	41~50 岁（D）	218	13.06	2.28	3.00	15.00
	51 岁及以上（E）	65	13.43	1.68	6.00	15.00

为了解少数民族地区不同年龄的农村教师在“教学设计”“教学实施”“班级管理及教育活动”“教育教学评价”“沟通与合作”“反思与发展”这六个方面的能力是否存在显著差异分析，笔者进行了方差分析，结果如表 5.39 所示。

表 5.39　少数民族地区不同年龄的农村教师“专业能力”的方差分析

检验变量		平方和	d*f*	平均值平方	*F*	*P*
教学设计	群组之间	144.996	4	36.249	8.795	0.000
	在群组内	4 418.148	1 072	4.121		
	总计	4 563.144	1 076			
教学实施	群组之间	438.921	4	109.730	12.254	0.000
	在群组内	9 599.296	1 072	8.955		
	总计	10 038.217	1 076			
班级管理及教育活动	群组之间	53.844	4	13.461	5.166	0.000
	在群组内	2 793.244	1 072	2.606		
	总计	2 847.088	1 076			
教育教学评价	群组之间	94.919	4	23.730	7.230	0.000
	在群组内	3 518.403	1 072	3.282		
	总计	3 613.322	1 076			
沟通与合作	群组之间	149.862	4	37.465	5.790	0.000
	在群组内	6 937.054	1 072	6.471		
	总计	7 086.916	1 076			
反思与发展	群组之间	113.449	4	28.362	6.971	0.000
	在群组内	4 361.721	1 072	4.069		
	总计	4 475.170	1 076			

方差分析结果表明：少数民族地区不同年龄的农村教师，在“教学设计”（$F=8.795$, $P=0.000<0.05$）、“教学实施”（$F=12.254$, $P=0.000<0.05$）、“班级管理及教育活动”（$F=5.166$, $P=0.000<0.05$）、“教育教学评价”（$F=7.230$, $P=0.000<0.05$）、“沟通与合作”（$F=5.790$, $P=0.000<0.05$）、“反思与发展”（$F=6.971$, $P=0.000<0.05$）这六个方面的能力均存在显著差异，对于任意两者间的比较还需要事后分析，结果如表 5.40 所示。

表 5.40　少数民族地区不同年龄的农村教师"专业能力"的事后分析

检验变量	(I)年龄	(J)年龄	均值差异(I-J)	Sig.	事后比较 LSD 法
教学设计	21~30 岁(B)	31~40 岁(C)	-0.842 59*	0.000	(B)<(C)
		41~50 岁(D)	-0.559 35*	0.001	(B)<(D)
		51 岁及以上(E)	-0.657 58*	0.017	(B)<(E)
教学实施	21~30 岁(B)	31~40 岁(C)	-1.398 06*	0.000	(B)<(C)
		41~50 岁(D)	-1.138 13*	0.000	(B)<(D)
		51 岁及以上(E)	-1.480 62*	0.000	(B)<(E)
班级管理及教育活动	31~40 岁(C)	21~30 岁(B)	0.316 55*	0.006	(B)<(C)
		41~50 岁(D)	0.577 35*	0.000	(D)<(C)
教育教学评价	31~40 岁(C)	21~30 岁(B)	0.651 28*	0.000	(B)<(C)
		41~50 岁(D)	0.534 37*	0.000	(D)<(C)
		51 岁及以上(E)	0.531 55*	0.028	(E)<(C)
沟通与合作	31~40 岁(C)	21~30 岁(B)	0.830 73*	0.000	(B)<(C)
		41~50 岁(D)	0.667 48*	0.002	(D)<(C)
反思与发展	21~30 岁(B)	31~40 岁(C)	-0.736 26*	0.000	(B)<(C)
		41~50 岁(D)	-0.374 25*	0.031	(D)<(C)
		51 岁及以上(E)	-0.749 98*	0.006	(E)<(C)

注：* 均值差异在 0.05 层级显著。

通过进一步地分析，我们可以看出少数民族地区年龄为 21~30 岁的农村教师在"教学设计""教学实施""反思与发展"方面的得分显著低于年龄为 31~40 岁、41~50 岁和 51 岁及以上的农村教师；年龄为 31~40 岁的少数民族地区农村教师在"教育教学评价""沟通与合作"方面的得分显著高于年龄为 21~30 岁和 41~50 岁的农村教师。

综上可看出，少数民族地区年龄为 21~30 岁的农村教师在"教学设计""教学实施""班级管理及教育活动""教育教学评价""沟通与合作""反思与发展"这六个方面的能力都较低。

六、少数民族地区所学专业与任教专业是否一致的农村教师“专业能力”差异分析

少数民族地区所学专业与任教专业是否一致的农村教师在“教学设计”“教学实施”“班级管理及教育活动”“教育教学评价”“沟通与合作”“反思与发展”这六种能力之间的差异比较如表 5.41 所示。

表 5.41 少数民族地区所学专业与任教专业是否一致的农村教师“专业能力”的差异

检验变量	是			否			T	P
	N	M	SD	N	M	SD		
教学设计	866	12.93	2.03	211	12.81	2.18	$0.703^{n.s.}$	0.482
教学实施	866	21.65	3.04	211	21.63	3.12	$0.109^{n.s.}$	0.913
班级管理及教育活动	866	6.57	1.59	211	6.81	1.77	$-1.824^{n.s.}$	0.069
教育教学评价	866	10.62	1.75	211	10.72	2.13	$-0.662^{n.s.}$	0.508
沟通与合作	866	16.07	2.57	211	16.05	2.57	$-0.105^{n.s.}$	0.971
反思与发展	866	13.12	2.03	211	13.03	2.09	$0.533^{n.s.}$	0.594

注：$^{n.s.}P>0.05$，$^{*}P<0.05$，$^{**}P<0.01$。

由表 5.41 可以看出，少数民族地区农村教师所学专业与任教专业是否一致在“教学设计”“教学实施”“班级管理及教育活动”“教育教学评价”“沟通与合作”“反思与发展”这六种能力之间均不存在显著差异。

第六章　少数民族地区农村教师“客观化资本”现状

第一节　少数民族地区农村教师具有的教育资源现状

一、少数民族地区不同性别的农村教师“教育资源”差异分析

为了解少数民族地区不同性别的农村教师在具备的教育资源方面是否存在差异，笔者进行了独立样本 T 检验分析，如表 6.1 所示。

表 6.1　少数民族地区不同性别农村教师“教育资源”差异

检验变量	男		女		T	P
	M	SD	M	SD		
56. 学校有图书馆（或图书室），其藏书量比较丰富	4.05	1.109	3.98	1.107	$0.940^{n.s.}$	0.347
58. 学校有良好的网络及教学设备	4.18	1.044	4.18	0.958	$0.001^{n.s.}$	0.999
59. 我拥有大量与教学相关的书籍	3.95	1.034	3.85	1.038	$1.546^{n.s.}$	0.122

注：$^{n.s.}P>0.05$，$^{*}P<0.05$，$^{**}P<0.01$。

通过表 6.1 对少数民族地区不同性别的农村教师在具备的教育资源方面进行独立样本 T 检验分析可以看出，在教师的教育资源（如图书资源、网络及教学设备资源、教学相关书籍资源等）方面，不存在性别差异。

二、少数民族地区不同级别学校农村教师“教育资源”的差异

为了解少数民族地区不同级别学校的农村教师在具备的教育资源方面是否

存在差异，笔者进行了独立样本 T 检验分析，如表 6.2 所示。

表 6.2 少数民族地区不同级别学校农村教师“教育资源”的差异

检验变量	乡镇（中心）校		村校（教学点）		T	P
	M	SD	M	SD		
56. 学校有图书馆（或图书室），其藏书量比较丰富	4.07	1.075	3.89	1.164	2.473*	0.014
58. 学校有良好的网络及教学设备	4.26	0.920	4.01	1.121	2.624**	0.009
59. 我拥有大量与教学相关的书籍	3.97	1.008	3.74	1.079	2.265*	0.024

注：表中只列出差异项，* $P<0.05$，** $P<0.01$，*** $P<0.001$。

结果表明，少数民族地区不同级别学校的农村教师在具备的教育资源方面存在显著差异。其中，乡镇（中心）学校在所具有教育资源的得分上显著高于村校（教学点），同样，乡镇（中心）学校教师在个人的藏书量上的得分显著高于村校（教学点）的教师，说明了乡镇（中心）学校的教学环境和资源要比村校（教学点）的优越。

三、少数民族地区不同任教学段的农村教师“教育资源”的差异

为了解少数民族地区不同任教学段的农村教师在具备教育资源方面是否存在差异，笔者进行了描述统计和单因素方差分析，得到不同任教学段的农村教师具备教育资源的描述性统计量如下表 6.3 所示。

表 6.3 少数民族地区不同任教学段的农村教师具备教育资源的描述性统计量

检验变量	任教学段	个数	平均数	标准差
56. 学校有图书馆（或图书室），其藏书量比较丰富	高中（A）	17	3.82	0.883
	初中（B）	367	4.08	1.011
	小学（C）	693	3.98	1.160
58. 学校有良好的网络及教学设备	高中（A）	17	3.53	1.125
	初中（B）	367	4.23	0.907
	小学（C）	693	4.17	1.035

表6.3(续)

检验变量	任教学段	个数	平均数	标准差
59. 我拥有大量与教学相关的书籍	高中（A）	17	3.35	1.115
	初中（B）	367	4.02	0.954
	小学（C）	693	3.84	1.069

为了解少数民族地区不同任教学段的农村教师在教育资源方面是否存在显著差异，笔者进行了方差分析，结果如表6.4所示。

表6.4 少数民族地区不同任教学段的农村教师具备教育资源的方差分析

检验变量		平方和	df	平均值平方	F	P
56. 学校有图书馆（或图书室），其藏书量比较丰富	群组之间	2.717	2	1.358	1.107	0.331
	在群组内	1 318.127	1 074	1.227		
	总计	1 320.843	1 076			
58. 学校有良好的网络及教学设备	群组之间	8.259	2	4.130	4.173	0.016
	在群组内	1 062.795	1 074	0.990		
	总计	1 071.055	1 076			
59. 我拥有大量与教学相关的书籍	群组之间	13.598	2	6.799	6.383	0.002
	在群组内	1 143.908	1 074	1.065		
	总计	1 157.506	1 076			

由表6.4可明显看出，少数民族地区不同任教学段的农村教师在“58. 学校有良好的网络及教学设备”和“59. 我拥有大量与教学相关的书籍”上的 F 检验值分别为 $F=4.173$（$P=0.016<0.05$）、$F=4.173$（$P=0.002<0.05$），说明不同任教学段的农村教师在这两个方面存在显著差异，具体是哪些任教学段存在差异还需要通过如表6.5所示的事后分析得知。

表6.5 少数民族地区不同任教学段的农村教师具备教育资源的差异比较分析

检验变量	（I）任教学段	（J）任教学段	均值差异（I-J）	Sig.	事后比较 LSD法
58. 学校有良好的网络及教学设备	高中（A）	初中（B）	-0.702*	0.005	（A）<（B）
		小学（C）	-0.639*	0.009	（A）<（C）
59. 我拥有大量与教学相关的书籍	初中（B）	高中（A）	-0.672*	0.009	（A）<（B）
		小学（C）	0.189*	0.005	（C）<（B）

注：* 均值差异在0.05层级显著。

通过进一步地分析，我们可以发现少数民族地区高中学段的农村教师在“58. 学校有良好的网络及教学设备”上的得分显著低于初中教师和小学教师；初中教师在“59. 我拥有大量与教学相关的书籍”的得分上显著高于高中教师和小学教师。综上可以发现，高中学段的教师在教育资源方面的得分较低。

四、少数民族地区不同教龄的农村教师具备教育资源的差异

为了解少数民族地区不同教龄的农村教师在具备教育资源方面是否存在差异，笔者进行了描述性统计量，结果如表 6.6 所示。

表 6.6　少数民族地区不同教龄的农村教师具备教育资源的描述性统计量

检验变量	教龄	个数	平均数	标准差
56. 学校有图书馆（或图书室），其藏书量比较丰富	1~5 年（A）	311	3.76	1.122
	6~10 年（B）	185	4.09	1.055
	11~15 年（C）	178	4.18	1.136
	16~20 年（D）	148	4.15	1.145
	21~25 年（E）	108	4.17	0.972
	26~30 年（F）	63	3.95	1.156
	31 年及以上（G）	84	4.02	1.041
58. 学校有良好的网络及教学设备	1~5 年（A）	311	4.01	1.011
	6~10 年（B）	185	4.32	0.897
	11~15 年（C）	178	4.30	1.002
	16~20 年（D）	148	4.26	1.038
	21~25 年（E）	108	4.28	0.830
	26~30 年（F）	63	4.05	1.113
	31 年及以上（G）	84	4.08	1.100
59. 我拥有大量与教学相关的书籍	1~5 年（A）	311	3.69	1.025
	6~10 年（B）	185	4.10	0.922
	11~15 年（C）	178	4.00	1.120
	16~20 年（D）	148	4.00	1.024
	21~25 年（E）	108	3.91	0.981
	26~30 年（F）	63	3.78	1.054
	31 年及以上（G）	84	3.82	1.110

为了解少数民族地区不同教龄的农村教师在教育资源享有方面是否存在显

著差异，笔者进行了方差分析，结果如表 6.7 所示。

表 6.7 少数民族地区不同教龄的农村教师具备教育资源的方差分析

检验变量		平方和	d*f*	平均值平方	*F*	*P*
56. 学校有图书馆（或图书室），其藏书量比较丰富	群组之间	31.048	6	5.175	4.293	0.000
	在群组内	1 289.795	1 070	1.205		
	总计	1 320.843	1 076			
58. 学校有良好的网络及教学设备	群组之间	19.098	6	3.183	3.238	0.004
	在群组内	1 051.957	1 070	0.983		
	总计	1 071.055	1 076			
59. 我拥有大量与教学相关的书籍	群组之间	24.992	6	4.165	3.935	0.001
	在群组内	1 132.514	1 070	1.058		
	总计	1 157.506	1 076			

由表 6.7 可明显看出，少数民族地区不同教龄的农村教师在这三个方面的 F 检验值分别为 $F=4.293$（$P=0.000<0.05$）、$F=3.238$（$P=0.004<0.05$）、$F=3.935$（$P=0.001<0.05$），说明不同教龄的农村教师在这三个方面均存在显著差异，具体是哪些教龄段存在差异还需要进行如表 6.8 所示的事后分析。

表 6.8 少数民族地区不同教龄的农村教师具备教育资源的差异比较分析

检验变量	（I）教龄	（J）教龄	均值差异（I-J）	Sig.	事后比较 LSD 法
56. 学校有图书馆（或图书室），其藏书量比较丰富	1~5 年（A）	6~10 年（B）	-0.324*	0.002	（A）<（B）
		11~15 年（C）	-0.418*	0.000	（A）<（C）
		16~20 年（D）	-0.387*	0.000	（A）<（D）
		21~25 年（E）	-0.405*	0.001	（A）<（E）
58. 学校有良好的网络及教学设备	1~5 年（A）	6~10 年（B）	-0.309*	0.001	（A）<（B）
		11~15 年（C）	-0.294*	0.002	（A）<（C）
		16~20 年（D）	-0.247*	0.013	（A）<（D）
		21~25 年（E）	-0.268*	0.016	（A）<（E）
59. 我拥有大量与教学相关的书籍	1~5 年（A）	6~10 年（B）	-0.403*	0.001	（A）<（B）
		11~15 年（C）	-0.305*	0.027	（A）<（C）
		16~20 年（D）	-0.305*	0.047	（A）<（D）

注：* 均值差异在 0.05 层级显著。

通过进一步地分析发现，少数民族地区教龄为 1~5 年的农村教师在

“56. 学校有图书馆（或图书室），其藏书量比较丰富”和“58. 学校有良好的网络及教学设备”上的得分显著低于教龄为6~10年、11~15年、16~20年21~25年的农村教师；教龄为1~5年的农村教师在“59. 我拥有大量与教学相关的书籍”的得分显著低于教龄为6~10年、11~15年、16~20年的农村教师。

综上可以看出，少数民族地区教龄为1~5年的农村教师在“56. 学校有图书馆（或图书室），其藏书量比较丰富”“58. 学校有良好的网络及教学设备”“59. 我拥有大量与教学相关的书籍”的得分显著较低。

五、少数民族地区不同年龄的农村教师具备教育资源的差异

为了解少数民族地区不同年龄段的农村教师在具备教育资源方面是否存在差异，笔者对不同年龄的农村教师具备的教育资源进行了描述性统计，结果如表6.9所示。

表6.9　少数民族地区不同年龄的农村教师具备教育资源的描述性统计量

检验变量	年龄	个数	平均数	标准差
56. 学校有图书馆（或图书室），其藏书量比较丰富	20岁及以下（A）	6	3.67	1.366
	21~30岁（B）	354	3.77	1.138
	31~40岁（C）	434	4.15	1.099
	41~50岁（D）	218	4.13	1.044
	51岁及以上（E）	65	4.08	0.989
58. 学校有良好的网络及教学设备	20岁及以下（A）	6	4.33	0.516
	21~30岁（B）	354	4.02	1.029
	31~40岁（C）	434	4.31	0.952
	41~50岁（D）	218	4.19	0.991
	51岁及以上（E）	65	4.17	1.069
59. 我拥有大量与教学相关的书籍	20岁及以下（A）	6	3.00	1.549
	21~30岁（B）	354	3.73	1.020
	31~40岁（C）	434	4.05	1.017
	41~50岁（D）	218	3.86	1.044
	51岁及以上（E）	65	3.92	1.035

为了解少数民族地区不同年龄的农村教师在教育资源方面是否存在显著差

异，笔者进行了方差分析，结果如表 6. 10 所示。

表 6. 10　少数民族地区不同年龄的农村教师具备教育资源的方差分析

检验变量		平方和	df	平均值平方	F	P
56. 学校有图书馆（或图书室），其藏书量比较丰富	群组之间	32. 923	4	8. 231	6. 851	0. 000
	在群组内	1 287. 920	1 072	1. 201		
	总计	1 320. 843	1 076			
58. 学校有良好的网络及教学设备	群组之间	16. 769	4	4. 192	4. 263	0. 002
	在群组内	1 054. 286	1 072	0. 983		
	总计	1 071. 055	1 076			
59. 我拥有大量与教学相关的书籍	群组之间	24. 809	4	6. 202	5. 870	0. 000
	在群组内	1 132. 697	1 072	1. 057		
	总计	1 157. 506	1 076			

从表 6. 10 可明显看出，少数民族地区不同年龄的农村教师在这三个方面的 F 检验值分别为 $F=6.851$（$P=0.000<0.05$）、$F=4.263$（$P=0.002<0.05$）、$F=5.870$（$P=0.000<0.05$），说明不同年龄的农村教师在这三方面均存在显著差异，具体是哪些年龄段存在差异需要经过如表 6. 11 所示的事后分析得知。

表 6. 11　少数民族地区不同年龄的农村教师具备教育资源的差异比较分析

检验变量	（I）年龄	（J）年龄	均值差异（I-J）	Sig.	事后比较 LSD 法
56. 学校有图书馆（或图书室），其藏书量比较丰富	21～30 岁（B）	31～40 岁（C）	-0. 379*	0. 000	（B）＜（C）
		41～50 岁（D）	-0. 360*	0. 000	（B）＜（D）
		51 岁及以上（E）	-0. 309*	0. 037	（B）＜（E）
58. 学校有良好的网络及教学设备	21～30 岁（B）	31～40 岁（C）	-0. 292*	0. 000	（B）＜（C）
		41～50 岁（D）	-0. 171*	0. 045	（B）＜（D）
59. 我拥有大量与教学相关的书籍	31～40 岁（C）	21～30 岁（B）	0. 317*	0. 000	（B）＜（C）
		41～50 岁（D）	0. 191*	0. 026	（D）＜（C）

注：* 均值差异在 0. 05 层级显著。

通过进一步地分析发现，少数民族地区年龄为 20～30 岁的农村教师在“56. 学校有图书馆（或图书室），其藏书量比较丰富”上的得分显著低于年龄为 31～40 岁、41～50 岁和 51 岁及以上的农村教师，在“58. 学校有良好的网络及教学设备”上的得分显著低于年龄为 31～40 岁、41～50 岁的农村教师；

年龄为31~40岁的农村教师在“59. 我拥有大量与教学相关的书籍”的得分显著高于教龄为21~30岁、41~50岁的农村教师。

综上可以看出，少数民族地区年龄为21~30岁的农村教师在“56. 学校有图书馆（或图书室），其藏书量比较丰富”“58. 学校有良好的网络及教学设备”和“59. 我拥有大量与教学相关的书籍”的得分显著较低；而年龄为31~40岁的农村教师在这三方面的得分显著较高。

六、少数民族地区所学专业与任教专业是否一致的农村教师具备教育资源的差异

为了解少数民族地区所学专业与任教专业是否一致的农村教师在具备教育资源上的差异，笔者进行了如表所6.12所示的比较。

表6.12 少数民族地区所学专业与任教专业是否一致的农村教师具备“教育资源”的差异

检验变量	是			否			*T*	*P*
	N	M	SD	N	M	SD		
56. 学校有图书馆（或图书室），其藏书量比较丰富	866	4.05	1.08	211	3.85	1.20	2.33[n.s.]	0.020
58. 学校有良好的网络及教学设备	866	4.18	1.00	211	4.17	0.98	0.154	0.877
59. 我拥有大量与教学相关的书籍	866	3.93	1.02	211	3.75	1.09	2.17	0.030

注：$^{n.s.}P>0.05$，$^{*}P<0.05$，$^{**}P<0.01$。

由表6.12可以看出，少数民族地区农村教师所学专业与任教专业是否一致在“56. 学校有图书馆（或图书室），其藏书量比较丰富”和“59. 我拥有大量与教学相关的书籍”这里两个方面存在显著差异，且任教专业与所学专业一致的教师在藏书量上显著多于任教专业与所学专业不一致的教师。

第二节 少数民族地区农村教师充分利用教育资源的现状

一、少数民族地区不同性别学校农村教师利用教育资源的差异

为了解少数民族地区不同性别的农村教师在利用教育资源方面是否存在差异，笔者进行了独立样本*T*检验分析，结果如表6.13所示。

表 6.13　少数民族地区不同性别农村教师利用教育资源的差异情况

检验变量	男		女		T	P
	M	SD	M	SD		
57. 我常常充分利用学校所提供的图书或教学资料	4.09	1.021	4.04	0.984	0.783[n.s.]	0.434
60. 我常充分利用电脑和手机等辅助教学	4.31	0.854	4.36	0.705	-1.160[n.s.]	0.246
61. 我的同事与领导博学多才，能向他们学习到很多知识	4.14	1.015	4.28	0.828	-2.384*	0.017
62. 我的学生及其家长有许多优点，能向他们学习到很多东西	4.05	1.068	3.98	1.056	1.101[n.s.]	0.271
63. 学校外的周边环境，为我的教育教学提供了丰富的资源和帮助	3.66	1.327	3.63	1.261	0.389[n.s.]	0.697

注：[n.s.] $P>0.05$，* $P<0.05$，** $P<0.01$。

由表 6.13 可以看出，女教师在向同事与领导学习的得分显著高于男教师；从均值上来看，男教师在利用教育资源的情况上总体要优于女教师，尤其是在对图书及教学资料的运用、向学生及其家长的学习以及充分利用校外周边环境这三个方面。

二、少数民族地区不同级别学校农村教师利用教育资源的差异

表 6.14　少数民族地区不同级别学校农村教师利用教育资源的差异

检验变量	乡镇（中心）学校		村校（教学点）		T	P
	M	SD	M	SD		
60. 充分利用电脑和手机等辅助教学	4.39	0.731	4.24	0.855	2.93**	0.003
62. 学生及其家长有许多优点，能向他们学习到很多东西	4.06	1.031	3.92	1.117	2.014*	0.044
63. 学校外的周边环境，为我的教育教学提供了丰富的资源和帮助	3.71	1.268	3.52	1.330	2.181*	0.030

注：表中只列出差异项，* $P<0.05$，** $P<0.01$，*** $P<0.001$。

由表 6.14 可以看出，少数民族地区不同级别学校的农村教师在教育资源利用方面存在显著差异。其中，乡镇（中心）学校的教师在教育资源的利用上的得分显著高于村校（教学点）的教师，说明了乡镇（中心）学校的教师能充分地利用身边的教育资源。

三、少数民族地区不同任教学段的农村教师利用教育资源的差异

为了解少数民族地区不同任教学段的农村教师在利用教育资源方面是否存在差异，笔者进行了描述统计和单因素方差分析，得到不同任教学段的农村教师利用教育资源的描述性统计量如表 6.15 所示。

表 6.15　少数民族地区不同任教学段的农村教师利用教育资源的描述性统计量

检验变量	任教学段	个数	平均数	标准差	最小值	最大值
57. 我常常充分利用学校所提供的图书或教学资料	高中（A）	17	3.12	1.054	2	5
	初中（B）	367	4.02	1.011	2	5
	小学（C）	693	4.11	0.983	2	5
60. 我常充分利用电脑和手机等辅助教学	高中（A）	17	4.18	0.951	2	5
	初中（B）	367	4.36	0.740	1	5
	小学（C）	693	4.33	0.792	1	5
61. 我的同事与领导博学多才，能向他们学习到很多知识	高中（A）	17	3.82	1.015	1	5
	初中（B）	367	4.16	0.941	1	5
	小学（C）	693	4.25	0.905	1	5
62. 我的学生及其家长有许多优点，能向他们学习到很多东西	高中（A）	17	3.53	1.125	1	5
	初中（B）	367	3.98	1.075	1	5
	小学（C）	693	4.04	1.051	1	5
63. 学校外的周边环境，为我的教育教学提供了丰富的资源和帮助	高中（A）	17	3.29	1.359	1	5
	初中（B）	367	3.62	1.308	1	5
	小学（C）	693	3.67	1.281	1	5

为了解少数民族地区不同任教学段的农村教师在利用教育资源方面是否存在显著差异，笔者进行了如表 6.16 所示的方差分析。

表 6.16　少数民族地区不同任教学段的农村教师利用教育资源的方差分析

检验变量		平方和	df	平均值平方	F	P
57. 我常常充分利用学校所提供的图书或教学资料	群组之间	17.233	2	8.617	8.726	0.000
	在群组内	1 060.473	1 074	0.987		
	总计	1 077.707	1 076			
60. 我常充分利用电脑和手机等辅助教学	群组之间	0.601	2	0.301	0.498	0.608
	在群组内	648.376	1 074	0.604		
	总计	648.977	1 076			
61. 我的同事与领导博学多才，能向他们学习到很多知识	群组之间	4.555	2	2.277	2.695	0.068
	在群组内	907.469	1 074	0.845		
	总计	912.024	1 076			
62. 我的学生及其家长有许多优点，能向他们学习到很多东西	群组之间	4.988	2	2.494	2.218	0.109
	在群组内	1 207.803	1 074	1.125		
	总计	1 212.791	1 076			
63. 学校外的周边环境，为我的教育教学提供了丰富的资源和帮助	群组之间	2.625	2	1.313	0.787	0.456
	在群组内	1 791.884	1 074	1.668		
	总计	1 794.509	1 076			

由表 6.16 可明显看出，少数民族地区不同任教学段的农村教师在“57. 我常常充分利用学校所提供的图书或教学资料”上的 F 检验值为 $F=8.726$（$P=0.000<0.05$），说明不同任教学段的农村教师在“57. 我常常充分利用学校所提供的图书或教学资料”上存在显著差异，具体是哪些任教学段存在差异需要经过如表 6.17 所示的事后分析。

表 6.17　少数民族地区不同任教学段的农村教师具有教育资源的事后分析

检验变量	（I）任教学段	（J）任教学段	均值差异（I-J）	Sig.	事后比较 LSD 法
57. 我常常充分利用学校所提供的图书或教学资料	高中（A）	初中（B）	-0.904*	0.000	（A）<（B）
		小学（C）	-0.991*	0.000	（A）<（C）

注：* 均值差异在 0.05 层级显著。

通过进一步地分析，发现少数民族地区任教学段为高中的农村教师在“57. 我常常充分利用学校所提供的图书或教学资料”上的得分显著低于农村的初中教师和小学教师。

四、少数民族地区不同教龄的农村教师利用教育资源的差异

为了解少数民族地区不同教龄的农村教师在利用教育资源方面是否存在差异，笔者进行了描述性统计结果如表 6. 18 所示。

表 6. 18　少数民族地区不同教龄的农村教师利用教育资源描述性统计量

检验变量	教龄	个数	平均数	标准差	最小值	最大值
57. 我常常充分利用学校所提供的图书或教学资料	1~5 年(A)	311	3. 91	0. 955	1	5
	6~10 年(B)	185	4. 14	1. 015	1	5
	11~15 年(C)	178	4. 11	1. 041	1	5
	16~20 年(D)	148	4. 24	1. 014	1	5
	21~25 年(E)	108	4. 11	0. 998	1	5
	26~30 年(F)	63	3. 95	0. 974	1	5
	31 年及以上(G)	84	4. 06	0. 998	1	5
60. 我常充分利用电脑和手机等辅助教学	1~5 年(A)	311	4. 26	0. 736	1	5
	6~10 年(B)	185	4. 42	0. 726	1	5
	11~15 年(C)	178	4. 48	0. 738	1	5
	16~20 年(D)	148	4. 40	0. 814	1	5
	21~25 年(E)	108	4. 44	0. 616	2	5
	26~30 年(F)	63	4. 08	0. 938	1	5
	31 年及以上(G)	84	4. 10	0. 965	1	5
61. 我的同事与领导博学多才，能向他们学习到很多知识	1~5 年(A)	311	4. 21	0. 842	1	5
	6~10 年(B)	185	4. 36	0. 768	1	5
	11~15 年(C)	178	4. 17	1. 083	1	5
	16~20 年(D)	148	4. 29	0. 978	1	5
	21~25 年(E)	108	4. 16	0. 877	2	5
	26~30 年(F)	63	3. 95	1. 054	1	5
	31 年及以上(G)	84	4. 14	0. 946	1	5

表6.18(续)

检验变量	教龄	个数	平均数	标准差	最小值	最大值
62. 我的学生及其家长有许多优点，能向他们学习到很多东西	1~5年(A)	311	4.02	0.984	1	5
	6~10年(B)	185	4.12	0.998	1	5
	11~15年(C)	178	4.04	1.139	1	5
	16~20年(D)	148	3.99	1.134	1	5
	21~25年(E)	108	4.09	0.962	2	5
	26~30年(F)	63	3.70	1.227	1	5
	31年及以上(G)	84	3.87	1.138	1	5
63. 学校外的周边环境，为我的教育教学提供了丰富的资源和帮助	1~5年(A)	311	3.57	1.231	1	5
	6~10年(B)	185	3.80	1.280	1	5
	11~15年(C)	178	3.75	1.318	1	5
	16~20年(D)	148	3.66	1.349	1	5
	21~25年(E)	108	3.59	1.319	1	5
	26~30年(F)	63	3.41	1.315	1	5
	31年及以上(G)	84	3.58	1.310	1	5

为了解少数民族地区不同教龄的农村教师在利用教育资源方面是否存在显著差异，笔者进行了如表6.19所示的方差分析。

表6.19 少数民族地区不同教龄的农村教师利用教育资源情况的方差分析表

检验变量		平方和	d*f*	平均值平方	*F*	*P*
57. 我常常充分利用学校所提供的图书或教学资料	群组之间	14.207	6	2.368	2.382	0.027
	在群组内	1 063.500	1 070	0.994		
	总计	1 077.707	1 076			
60. 我常充分利用电脑和手机等辅助教学	群组之间	17.562	6	2.927	4.960	0.000
	在群组内	631.415	1 070	0.590		
	总计	648.977	1 076			
61. 我的同事与领导博学多才，能向他们学习到很多知识	群组之间	10.002	6	1.667	1.977	0.066
	在群组内	902.022	1 070	0.843		
	总计	912.024	1 076			

表6.19(续)

检验变量		平方和	df	平均值平方	F	P
62. 我的学生及其家长有许多优点，能向他们学习到很多东西	群组之间	10.986	6	1.831	1.630	0.135
	在群组内	1 201.805	1 070	1.123		
	总计	1 212.791	1 076			
63. 学校外的周边环境，为我的教育教学提供了丰富的资源和帮助	群组之间	11.977	6	1.996	1.198	0.305
	在群组内	1 782.532	1 070	1.666		
	总计	1 794.509	1 076			

由表6.19可看出，少数民族地区不同教龄的农村教师在“57. 我常常充分利用学校所提供的图书或教学资料”“60. 我常充分利用电脑和手机等辅助教学”这两个方面的 F 检验值分别为 $F=2.382$（$P=0.027<0.05$）、$F=4.960$（$P=0.000<0.05$），表示不同教龄的教师在这两个方面的得分均存在显著差异。具体是哪些教龄段存在显著差异，需进行如表6.20所示的事后分析。

表6.20 少数民族地区不同教龄的农村教师具备教育资源的事后分析

检验变量	(I) 教龄	(J) 教龄	均值差异 (I-J)	Sig.	事后比较 LSD 法
57. 我常常充分利用学校所提供的图书或教学资料	1~5年（A）	6~10年（B）	-0.222*	0.017	(A) < (B)
		11~15年（C）	-0.199*	0.034	(A) < (C)
		16~20年（D）	-0.330*	0.001	(A) < (D)
60. 我常充分利用电脑和手机等辅助教学	1~5年（A）	6~10年（B）	-0.161*	0.024	(A) < (B)
		11~15年（C）	-0.217*	0.003	(A) < (C)
		21~25年（E）	-0.184*	0.032	(A) < (E)

注：* 均值差异在0.05层级显著。

通过进一步地分析发现，少数民族地区教龄为1~5年的农村教师在“57. 我常常充分利用学校所提供的图书或教学资料”上的得分显著低于教龄为6~10年、11~15年和16~20年的农村教师，在“60. 我常充分利用电脑和手机等辅助教学”上的得分显著低于教龄为6~10年、11~15年和21~25年的农村教师。

综上可看出，少数民族地区教龄为1~5年的农村教师在“我常常充分利用学校所提供的图书或教学资料”“我常充分利用电脑和手机等辅助教学”上的得分较低。

五、少数民族地区不同年龄的农村教师利用教育资源的差异

为了解少数民族地区不同年龄段的农村教师在专业知识方面是否存在差异，笔者进行了单因素方差分析，得到不同年龄的农村教师专业知识的描述性统计量，如表 6.21 所示。

表 6.21　少数民族地区不同年龄的农村教师具备教育资源情况的描述性统计量

检验变量	年龄	个数	平均数	标准差	极小值	极大值
57. 我常常充分利用学校所提供的图书或教学资料	20 岁及以下（A）	6	3.50	1.761	1	5
	21~30 岁（B）	354	3.91	0.967	1	5
	31~40 岁（C）	434	4.16	1.028	1	5
	41~50 岁（D）	218	4.09	0.982	1	5
	51 岁及以上（E）	65	4.18	0.882	2	5
60. 我常充分利用电脑和手机等辅助教学	20 岁及以下（A）	6	4.33	0.516	4	5
	21~30 岁（B）	354	4.29	0.738	1	5
	31~40 岁（C）	434	4.44	0.764	1	5
	41~50 岁（D）	218	4.27	0.816	1	5
	51 岁及以上（E）	65	4.20	0.887	1	5
61. 我的同事与领导博学多才，能向他们学习到很多知识	20 岁及以下（A）	6	4.17	1.169	2	5
	21~30 岁（B）	354	4.23	0.831	1	5
	31~40 岁（C）	434	4.26	0.974	1	5
	41~50 岁（D）	218	4.14	0.947	1	5
	51 岁及以上（E）	65	4.08	0.907	2	5
62. 我的学生及其家长有许多优点，能向他们学习到很多东西	20 岁及以下（A）	6	4.17	0.753	3	5
	21~30 岁（B）	354	4.00	0.994	1	5
	31~40 岁（C）	434	4.09	1.068	1	5
	41~50 岁（D）	218	3.94	1.126	1	5
	51 岁及以上（E）	65	3.83	1.153	1	5

表6.21(续)

检验变量	年龄	个数	平均数	标准差	极小值	极大值
63. 学校外的周边环境，为我的教育教学提供了丰富的资源和帮助	20 岁及以下（A）	6	3.00	1.265	2	5
	21~30 岁（B）	354	3.59	1.232	1	5
	31~40 岁（C）	434	3.80	1.296	1	5
	41~50 岁（D）	218	3.51	1.335	1	5
	51 岁及以上（E）	65	3.42	1.345	1	5

为了解少数民族地区不同年龄的农村教师在利用教育资源方面是否存在显著差异，笔者进行了如表 6.22 所示的方差分析。

表 6.22　少数民族地区不同年龄的农村教师利用教育资源情况的方差分析

检验变量		平方和	df	平均值平方	F	P
57. 我常常充分利用学校所提供的图书或教学资料	群组之间	15.408	4	3.852	3.887	0.004
	在群组内	1 062.299	1 072	0.991		
	总计	1 077.707	1 076			
60. 我常充分利用电脑和手机等辅助教学	群组之间	7.671	4	1.918	3.206	0.013
	在群组内	641.306	1 072	0.598		
	总计	648.977	1 076			
61. 我的同事与领导博学多才，能向他们学习到很多知识	群组之间	3.535	4	0.884	1.043	0.384
	在群组内	908.489	1 072	0.847		
	总计	912.024	1 076			
62. 我的学生及其家长有许多优点，能向他们学习到很多东西	群组之间	6.408	4	1.602	1.424	0.224
	在群组内	1 206.383	1 072	1.125		
	总计	1 212.791	1 076			
63. 学校外的周边环境，为我的教育教学提供了丰富的资源和帮助	群组之间	21.677	4	5.419	3.277	0.011
	在群组内	1 772.832	1 072	1.654		
	总计	1 794.509	1 076			

根据表 6.22 所示的方差分析结果可知：少数民族地区不同年龄的农村教师在“61. 我的同事与领导博学多才，能向他们学习到很多知识”“62. 我的学生及其家长有许多优点，能向他们学习到很多东西”这两个题项上，均不存在显著差异；在“57. 我常常充分利用学校所提供的图书或教学资料”（$F=3.887$，$P=0.004<0.05$）、“60. 我常常充分利用学校所提供的图书或教学资

料”（$F=3.206$，$P=0.013<0.05$）和“63. 学校外的周边环境，为我的教育教学提供了丰富的资源和帮助”（$F=3.277$，$P=0.011<0.05$）这三个方面存在显著差异。具体是哪些年龄段的教师间存在显著差异，需进行如表 6.23 所示的事后分析。

表 6.23　少数民族地区不同年龄的农村教师利用教育资源的事后比较

检验变量	（I）年龄	（J）年龄	均值差异（I-J）	Sig.	事后比较 LSD 法
57. 我常常充分利用学校所提供的图书或教学资料	21～30 岁（B）	31～40 岁（C）	-0.251*	0.000	（B）<（C）
		41～50 岁（D）	-0.175*	0.042	（B）<（D）
		51 岁及以上（E）	-0.272*	0.043	（B）<（E）
60. 我常充分利用电脑和手机等辅助教学	31～40 岁（C）	21～30 岁（B）	0.152*	0.006	（B）<（C）
		41～50 岁（D）	0.172*	0.008	（D）<（C）
		51 岁及以上（E）	0.238*	0.021	（E）<（C）
63. 学校外的周边环境，为我的教育教学提供了丰富的资源和帮助	31～40 岁（C）	21～30 岁（B）	0.211*	0.022	（B）<（C）
		41～50 岁（D）	0.293*	0.006	（D）<（C）
		51 岁及以上（E）	0.386*	0.024	（E）<（C）

注：* 均值差异在 0.05 层级显著；表中只列出差异性。

通过进一步地分析，发现少数民族地区年龄为 21～30 岁的农村教师在“57. 我常常充分利用学校所提供的图书或教学资料”上的得分显著低于年龄为 31～40 岁、41～50 岁、51 岁及以上的农村教师；31～40 岁的农村教师在“60. 我常充分利用电脑和手机等辅助教学”上的得分显著高于年龄为 21～30 岁、41～50 岁 51 岁及以上的农村教师。综上可看出，少数民族地区年龄为 21～30 岁的农村教师利用教育资源的能力相对较低，而年龄为 31～40 岁的农村教师利用教育资源的能力相对较高。

第七章　文化资本视角下少数民族地区农村教师素质分析

第一节　少数民族地区农村教师“体制化资本”分析

一、少数民族地区农村教师“体制化资本”研究结果

（一）少数民族地区农村教师获得学历证书的结果

（1）少数民族农村地区缺乏高学历的教师；

（2）少数民族地区男教师获得高学历证书的人数比例高于女教师，且未获得学历证书的男教师人数比例少于女教师；

（3）少数民族地区村校（教学点）教师获得本科及以上的毕业证书人数比例低于乡镇（中心）校的教师，且村校（教学点）教师存在未取得学历证书的情况；

（4）少数民族地区的小学教师存在未取得学历证书的情况；

（5）少数民族地区教师获得本科及以上的学历证书的人数比例随着教龄的增加而减少；

（6）少数民族地区年龄为21岁及以上的教师，获得本科及以上的学历证书的人数比例随着年龄的增长而降低，获得中专及大专学历证书的人数比例随着年龄的增长而增加。

（二）少数民族地区农村教师获得学位证书的结果

（1）少数民族农村地区缺乏获得高级学位证书的教师；

（2）少数民族地区的女教师仅在学士学位获得的人数比例上高于男教师，在硕士、博士学位的获得人数比例上均低于男教师，女教师未取得学历证书人数比例少于男教师；

（3）少数民族地区村校（教学点）教师获得高学位证书的人数比例低于乡镇（中心）校的教师，且村校（教学点）未取得学位证书的人数比例高于乡镇（中心）校；

（4）少数民族地区的农村教师获得高学位证书的均是高中教师，且高中教师获得学位证书的人数比例明显高于初中教师和小学教师；

（5）少数民族地区教龄越长的教师其学位都不太高，大多数教龄较短以及新入职的教师都已获得学士学位；

（6）少数民族地区年龄为 21 岁及以上的教师，获得学士学位的人数比例随着年龄的增长而降低，未取得学位的人数比例随着年龄的增长而增加。

（三）少数民族地区农村教师获得职称证书的结果

（1）少数民族地区农村教师的职称多集中在一级和二级，高职称人数较少；

（2）少数民族地区的男教师在获得高职称的人数比例上高于女教师，且未评级的教师人数少于女教师；

（3）少数民族地区村校（教学点）教师在高职称证书的获得方面低于乡镇（中心）校的教师，且未评级的教师人数比例高于乡镇（中心）校；

（4）少数民族地区农村的高中教师均已获评三级以上的职称，未评级的小学教师人数比例高于初中教师；

（5）少数民族地区农村教师的教龄与其职称不吻合。

（四）少数民族地区农村教师获得资格证书的结果

（1）少数民族农村地区存在未取得教师资格的教师；

（2）少数民族地区的女教师在幼儿园教师资格证、小学教师资格证、高级中学教师资格证、中等职业教师资格证获得方面高于男教师，在初级中学教师资格证、高等学校教师资格证、成人/大学教师资格证获得方面低于男教师；

（3）少数民族地区村校（教学点）未取得教师资格证的教师人数比例比乡镇（中心）校的教师高；

（4）少数民族地区农村教师的任教资格与任教学段不匹配；

（5）少数民族地区未获得教师资格的教师主要集中在 50 岁及以下，51 岁及以上的教师均具备教师资格。

（五）少数民族地区农村教师获普通话证书的结果

（1）少数民族地区多数农村教师的普通话水平呈现出良好的状态，但也有教师未取得普通话证书；

（2）少数民族地区的女教师的普通话水平略高于男教师；

（3）少数民族地区乡镇（中心）校教师与村校（教学点）教师的普通话水平无明显差异；

（4）少数民族地区农村高中教师的普通话水平均在二级乙等以上，略高于初中教师和小学教师，且初中教师和小学教师的普通话水平无明显差异；

（5）少数民族地区的农村教师教龄越长，普通话水平越低；

（6）少数民族地区的农村教师年龄越大，普通话水平越低。

（六）少数民族地区农村教师获英语等级证书的结果

（1）少数民族地区农村教师的英语水平较薄弱；

（2）少数民族地区的女教师的英语水平略高于男教师；

（3）少数民族地区乡镇（中心）校教师与村校（教学点）教师的英语水平无明显差异；

（4）少数民族地区不同任教学段的农村教师英语水平高低顺序大致为：高中教师略高于初中教师，初中教师略高于小学教师；

（5）少数民族地区年龄为21岁及以上的农村教师，年龄越大，英语水平越低。

（七）少数民族地区农村教师获荣誉证书的结果

（1）少数民族地区农村教师获荣誉证书的情况不容乐观；

（2）少数民族地区的男教师获荣誉证书的人数比例略高于女教师；

（3）少数民族地区乡镇（中心）校教师获荣誉证书的人数比例略高于村校（教学点）教师；

（4）少数民族地区不同任教学段的农村教师所获荣誉证书无明显差异；

（5）少数民族地区的农村新手教师获荣誉证书的情况不容乐观；

（6）少数民族地区的农村年轻教师获荣誉证书的情况不够理想。

（八）少数民族地区农村教师获教育科研证书的结果

（1）少数民族地区农村教师教育科研成果不显著；

（2）少数民族地区的男教师科研成果略多于女教师；

（3）少数民族地区乡镇（中心）校教师科研成果略多于村校（教学点）教师；

（4）少数民族地区不同任教学段的农村教师科研成果的按数量多少的排序大致为：高中教师、初中教师、小学教师；

（5）少数民族地区的农村新手教师的科研成果不够理想；

（6）少数民族地区的农村年轻教师的科研成果较为匮乏。

（九）少数民族地区农村教师获得继续教育（培训）合格证书的结果

（1）少数民族地区农村教师继续教育（培训）情况比较乐观；

（2）少数民族地区的男教师参与继续教育（培训）的机会略多于女教师；

（3）少数民族地区乡镇（中心）校教师和村校（教学点）教师在参与继续教育（培训）方面无明显差异；

（4）少数民族地区的农村小学教师参与继续教育（培训）的机会略低于高中教师和初中教师；

（5）少数民族地区的农村新入职教师缺乏参与继续教育（培训）的机会；

（6）少数民族地区的农村年轻教师参与继续教育（培训）的机会较少。

（十）少数民族地区农村教师辅导学生参赛获奖证书的结果

（1）少数民族地区农村教师辅导学生参赛并获得证书的情况不太乐观；

（2）少数民族地区的男教师辅导学生参赛并获得证书的人数比例略高于女教师；

（3）少数民族地区乡镇（中心）校教师辅导学生参赛并获得证书的人数比例略高于村校（教学点）教师；

（4）少数民族地区的农村教师辅导学生参赛并获得证书的人数比例按大小的顺序排序为：高中教师、初中教师、小学教师；

（5）少数民族地区教龄在30年以内的农村教师，辅导学生参赛并获得证书的人数比例随着教龄的增加而增加；

（6）少数民族地区超过一半的农村青年教师未辅导学生参赛并获得证书。

二、少数民族地区农村教师“体制化资本”研究结果的分析

（一）少数民族地区农村教师获得学历、学位证书的结果分析

现阶段，多数农村教师的学历都是大专及本科，仅有0.3%的教师具有研究生学历，获得学士学位证书的教师有33.9%，获得硕士及以上学位证书的教师仅有0.4%，可见，少数民族农村地区缺乏具有高学历、高学位的教师。在访谈中笔者了解到造成这种局面的原因有二：一是部分教师选择安于现状，缺乏提升学历、学位的意愿；二是部分教师有意提升自身的学历和学位，但迫于现实生活与工作的无奈，心有余而力不足。具体访谈如下：

问题：您对自己现有的学历满意吗？为什么？有何打算？

教师1：我目前的学历是大学本科，但是还是不太满意，觉得应该进一步学习，而且知识更新的速度远远超过了我的想象，学生获取知识的渠道也更丰富，这对教师职业是一个巨大的挑战。如果有机会，还是会考虑继续考研，但是这个想法只是想想，上班和成家以后就有太多难言之隐啦！

教师2：没有太多打算也没太多想法，只是说当需要用到相关知识的时候

才知道自己的知识不够用。

教师3：我已经工作二十五六年了，学历也不够高，因为只是专科水平，年纪大了，也没得嚷子（什么）想法了。

教师4：我对自己的学历不满意，打算继续读个在职研究生。

教师5：关于学历，我早在2002年的时候就取得了贵州师范大学的小学教育大专的学历，是符合小学教育学历的要求的。

教师6：不满意，一直有个“研究生梦”，奈何无法实现，工作以后的琐事实在太多了，不管（无论）是生活上的还是工作上的，都觉得忙成一团，根本没有时间和精力去为自己的梦想付出行动。希望自己尽快调整好心态，如果以后有机会的话会继续努力去实现自己的梦想。

通过结构式访谈和非结构式访谈，我们可以发现少数民族地区农村教师对自己学历的看法不一，接受访谈的教师所具有的学历是大专和本科，无学位或是硕士学位，但仍反映出大部分教师对自己的学历及学位不满意，但在访谈过程中，有一半的教师不愿提升自己的学历，也有一半的教师想提升学历但由于各种原因不能实现。

从不同性别来看，少数民族地区农村男教师获得的高学历证书人数比例比女教师高，且未获得学历证书的男教师人数比例少于女教师。从非结构式访谈中得知，农村男教师入职后进一步提升学历和学位的机会比女教师多，学历及学位较低的女教师普遍反映，自己无法处理好家庭和工作之间的冲突，尤其在为人母之后，多数精力都放在工作和孩子身上，没有更多的精力去考虑提升学历和学位的事情；再加上自己对学历和学位提升的意愿不够强烈，很多时候便选择了放弃。

少数民族地区村校（教学点）教师获得本科及以上毕业证书的人数比例以及获得高学位证书的人数比例低于乡镇（中心）校的教师，如何理解这个研究结论呢？笔者认为，师资分布的不均衡是导致城乡教育质量差异的重要因素[90]，村校（教学点）教师的学历和学位低于乡镇（中心）校教师，这是现代培训体制造成的，与城镇教师相比，村校（教学点）教师的职后培训或继续教育制度大多流于形式[91]，乡镇以下学校的教师参加省级培训的机会比较有限，且普通教师外出培训的机会也较少[92]。

我国《教师法》第十一条规定：取得教师资格应当具备相应的学历，而少数民族地区村校（教学点）的小学教师存在未取得学历证书的情况，这违反了《教师法》的规定。

少数民族地区的农村教师获得高学位的均是高中教师，且高中存在未取得学士学位证书的教师。我国《教师法》第十一条第四款规定：高级中学教师应当具备高等师范院校本科或者其他大学本科毕业及以上学历，此规定中对高中教师的学历要求明显比初中及小学教师的要求更高。大学本科相对应的学位是硕士学位，但是高中存在未取得学士学位证书的教师，这可能与教师就职后提升了学历但还未获得学位有关。

（二）少数民族地区农村教师获得职称证书的结果分析

少数民族地区农村教师的职称多集中在一级和二级，具有高职称的人数较少；且教龄与其职称不吻合。根据目前的职称评审标准，本科学历的教师任教1年可定为二级教师，任教满5年，有资格参评一级教师，再过5年就有参评高级教师的资格，也就是说，教龄满11年后，若各方面条件达标，职称就能晋升到高级。经过问卷调查，我们发现教龄为11年及以上的教师具有高级及以上职称的仅有11.42%，存在这种现象的原因有两个。第一，职称名额少、门槛高，在非结构式访谈中，有教师说道："由于少数民族地区农村学校缺老师，近几年学校招了很多年轻老师，但是评职称的名额非常少，都要排队，前面的不退，后面的就没得办法，只有等起了。就算有名额了，老师之间也要评比，看哪个获奖多、科研多、教学成果多，感觉门槛远比规定的高啊!"第二，教师自身缺乏晋升职称的动力，认为要评职称就要付出比教学工作还要多的时间和精力，很多教师虽然到了应该晋升的教龄，但是由于名额有限，排长队，时间长了就失去晋升职称的热情了。

少数民族地区村校（教学点）教师在高职称证书的获得方面低于乡镇（中心）校的教师，且未评级的教师比例高于乡镇（中心）校。这是因为在城乡二元制度背景下，教育的话语权、决策权集中在城市阶层，使得教育政策与主流教育话语更多地带有"城市取向"[93]，国家优质教育资源的配置，都是向城市倾斜[94]，导致村校（教学点）教师与乡镇（中心）校教师置身于城乡差异化的文化空间，形成了不同的"性情"[95]，此外，还有村校（教学点）教师所在地信息封闭、政策扶持力度较轻、经济发展较慢等因素[96]。

（三）少数民族地区农村教师获得资格证书的结果分析

（1）少数民族农村地区存在未取得教师资格的教师。我国《教师法》中规定：不同阶段的任教教师应取得相应的教师资格。这说明农村地区存在不具备教师资格的教学人员，应对进行彻查，并采取强有力的措施解决该现象。

（2）少数民族地区农村教师的任教资格与任教学段不匹配。通过问卷调查发现，农村小学教师队伍中存在只具备幼儿园任教的资格的教师，这不太符合教师招聘的要求，正常的现象应该是：任教小学阶段的教师，其任教资格至少应该是小学教师资格及以上的任教资格。只具有幼儿园教师资格的小学教师，对小学的教育教学以及对小学生的身心发展都不够熟悉，这或多或少会影响教育教学的质量。在与教师进行非结构性访谈的过程中，其中一个老师说道："我本身是学幼师嘞，学历也只是五年制大专，当年考老师的时候我们这边的小学也在招老师，对教师资格证没得（没有）特别的要求，所以当时在我面前就有了两个选择。我也是想了好久哦，想克（去）想来，发现当时我们农村对幼儿园教育的重视程度不怎么样，和小学一比，觉得小学教师要更好一点，所以就选择了小学，哪晓得运气也还可以，就考起啦！嘿嘿，运气好。"追其原因，发现少数民族地区农村学校缺乏教师，所以在招聘教师的过程中把关不严，导致有部分教师的任教资格与任教学段不吻合。此外，笔者还发现少数民族地区村校（教学点）未取得教师资格证的教师人数比乡镇（中心）校的教师多，这可能是因为教师资源配置的总体格局依然是城镇的优质教师资源高于农村[97]。

（四）少数民族地区农村教师获普通话证书的结果分析

（1）少数民族地区多数农村教师的普通话水平呈现出良好的状态，但有教师未取得普通话证书。出现这个结果不难理解，普通话是教师的必备专业技能之一，只有达到一定的普通话水平，取得相应的普通话等级证书，才能有资格申请教师资格证书，进而具备教师资格。农村地区存在未取得普通话证书的教师，同时也存在未取得教师资格证书的教师，这部分教师可能是由于农村地区教师紧缺的特殊时期需招聘大量教师之时的"漏网之鱼"。

（2）少数民族地区的农村教师普通话水平还受教龄及年龄的影响，教龄和年龄越高，普通话水平越低。这是由于参加工作时间较短的年轻教师，在师范院校上学时，学校开设了普通话、教师口语等课程，能对学生的方音、方言进行专门纠正，使其普通话水平在一定时间内达到了较高标准[98]，而参加工作时间较长的年长教师，由于上学期间对普通话的学习不够重视，再加上长期受方言的影响，语音和语调已经发生了变化，呈现出普通话退化、水平降低的现象[99]。因此，周边语言环境是影响农村中小学教师普通话水平的重要因素，后期的培训工作也应受到充分的重视[100]。

（五）少数民族地区农村教师获英语等级证书的结果分析

英语等级证书能在一定程度上说明或证明教师的英语水平。现阶段，少数民族地区农村教师的英语水平较薄弱，具备的证书量少，等级也不高。

（1）少数民族地区不同性别的农村教师的英语水平存在差异的原因较为复杂，除了大脑加工机制不同，社会角色和社会地位差异也可能是影响因素。

一方面，社会对女生的期待一般是善于沟通交流、擅长语言学习等，对男生则少有这样的期待[101]。由此，男、女生形成了不同的心理预期，女生会付出更多的努力、采用更多的策略学习英语，学习热情也更高[102]，从而具有更高的英语水平。另一方面，长久以来男性比女性拥有更优越的社会地位，所以女性具有更强的学习动机，她们希望通过语言学习保障或提高社会地位。再者，在找工作的时候，女性可能会面临不公正现象，所以会有意识地加强英语学习，希望取得更好的四、六级考试成绩，增加自己的竞争筹码[103]。

（2）少数民族地区不同任教学段的农村教师英语水平高低顺序大致为：高中教师略高于初中教师，初中教师略高于小学教师，也就是说随着任教学段的提升，教师的英语水平就越高。这个是与教师的任教学段有关，通常来说，获得教师资格证的难易程度也与任教学段的高低成正比，学段越高，其教师资格证也会越难获得，这说明获得高中教师资格证的教师综合能力可能也会相对高一些，所以，他们的英语水平也会略高于初中教师，初中教师的英语水平也要略高于小学教师。

（3）少数民族地区年龄为21岁及以上的农村教师，年龄越大英语水平越低。这可能是由于年长的教师与年轻的教师相比，在师范院校学习期间学习英语的途径较匮乏，而相对年轻的教师，学习英语的途径较多，除了在师范院校学习期间的英语课程的学习，还有许多其他途径。因此，年轻的教师英语水平相比年长的教师而言，要高一些。

（六）少数民族地区农村教师获荣誉证书的结果分析

（1）少数民族地区的男教师获荣誉证书的人数比例略高于女教师。这可能是中小学女教师普遍多于男教师，性别比例悬殊较大，从而导致教师评优时会向男教师倾斜[104]。同时，男教师想要进入学校中层的意愿较强，因此他们会比较关注和参与荣誉评选，而女教师由于家庭等各种原因很难（也有部分女教师是自己不愿意）进入学校中高层，因此，女性教师对待荣誉评选更“顺其自然”，男老师似乎更“卖力”一些[105]。

（2）少数民族地区乡镇（中心）校教师获荣誉证书的人数比例略高于村校（教学点）教师，这是由于农村教师与城镇教师相比，教师荣誉评选的名额很明显地向城镇的教师倾斜，特别是高级别的荣誉评选，农村教师所占比例就更小了[106]。研究还发现，少数民族地区的农村新手教师、年轻教师获荣誉证书的情况不容乐观。这可能是由于农村新手教师、年轻教师刚入职不久，其社会阅历较少，还处于对教师职业适应的阶段，缺乏长远职业规划，随着教龄和年龄的增长以及阅历的丰富，工作经验的积累和工作能力的提升，并且对教师职业有更加清晰的认识之后，教师评选荣誉的状况也会随之好转[107]。

（七）少数民族地区农村教师获教育科研证书的结果分析

（1）少数民族地区农村教师教育科研成果不显著。教育科研是教师专业发展的途径之一，也是教师教育教学成果的一种体现，问卷调查的结果显示，农村教师的科研成果量非常少，大多数教师从未主持过教育科研的项目或课题，多数教师未公开发表过文章。

问题：您如何评价您的教育科研情况？

教师1：我已经工作很多年了，教龄比较长了，有十五六年了，但是对于科研，我总感觉稀里糊涂的，虽然也主持、参与过一些课题，有的没申报成功，有的申报成功了，也结题了，但是对科研的很多技巧或者程序并不是很了解。

教师2：这对我来说是个大问题了，我从来没写过论文，也没主持或参与过课题，原因很简单啊，就是不会，哈哈，我一个老牌大专生，根本没学过这些，只想着好好教书就行了，不想再折腾了。

教师3：我刚参加工作不久，现在可能还没得机会做科研，目前还处在适应工作节奏的阶段，但是感觉以后的工作可能离不开科研。我在大学学过教育科学研究方法，也顺利地完成了毕业论文，我自己的感觉就是论文是写完了，但对科研我还是懵的。说起来也有点后悔，当时上课的老师说以后我们工作了还会涉及科研，我们还以为老师是为了让我们认真听她讲课，所以没太在意老师说的话。

教师4：写过几篇文章，但是感觉质量不高，都是为了评职称凑的。关于怎么写论文、论文的要素有哪些我还不是很清楚。在教学过程中，也会有些感触，比如说进行了一些教改想要申报课题，但是总觉得无从下手，然后就放弃了，偶尔在年轻老师的课题上挂个名，但实质上自己也没做什么工作。

教师5：没得时间搞科研了，每天的工作都完不成，除了备课、上课、批改作业等教学工作以外，还有很多其他杂七杂八的工作要做。

教师6：有的时候也有一些想法，也会想着去做一些科研，但是发现花了很多时间和精力，又写不出什么东西，成果不明显，久而久之就不太愿意花时间在这上面了，再加上自己的科研能力也不够，就更没心思了。

通过对以上几位教师的访谈可以看出，首先，农村教师的科研意识不强，科研成果不明显，很多教师还在以传统的身份定位自己的工作，以为教好书就可以了；其次，农村教师的日常工作与教育科研之间存在矛盾，一是时间、精力不足，二是教育科研耗时长、见效慢[108]；最后，农村学校整体教育科学研究的氛围不浓[109]，多数农村学校的教师对教育科学研究的兴趣不浓，更多地将精力放在教学上，同时，学校也缺乏结合本校实际情况和工作进行课题研究的意识和氛围。因此，教师应该做到角色的转变，从传统的教书匠变成教育研究者。目前需要大力发展农村教育，一线的农村教师是最具有研究资源、最容易发现问题的研究者，较合适做行动研究，因此，提升农村教师科研意识，增强他们的科研能力，有助于发展农村教育。

（2）少数民族地区男教师的科研成果略多于女教师，我们应如何理解这个结果？从社会性别的视角来看，“社会性别”是指社会基于男女两性生理差异而赋予他（她）们不同的期望、要求与限制[110]。受传统社会性别期望的影响，很多女性是看重教师这份职业的稳定而选择从事教师这个行业的，而很多男性从事教师这份职业却有着些许不甘心，因此在教育科研与评奖、晋升挂钩中，男教师会显得主动积极一些，对女教师而言，需要家庭工作两头顾，在这种精力削弱的情况下也就难免消极应付了[111]。

（3）少数民族地区乡镇（中心）校教师科研成果略多于村校（教学点）教师，这个结果说明了长期以来的城乡二元结构和计划经济体制下所形成的“城市中心”价值取向，国家公共政策优先满足城市利益的事实[112]，这也在一定程度上揭示了农村地区的结构化差异。从社会分层的“阶级结构”来看，在我国当前的城乡结构中，城市处于较高位置，农村处于较低位置[113]，这也说明区域经济越发达，教师参加教科研的比例越高[114]。这种社会差异以及较明显的阶层资源分布可能是造成村校（教学点）与乡镇（中心）校教师在科研成果方面存在差距的原因。

（4）少数民族地区不同任教学段的农村教师科研成果的按多与少的排序大致为：高中教师、初中教师、小学教师，我们应如何解释这个结果？这可能与不同任教学段的教师学历有关，从高中、初中和小学这三个任教学段来看，仅小学阶段有中专学历的教师，甚至有未取得学历的教师，这在一定程度上能说明小学教师的总体素质相对于高中和初中教师来说低一些。在非结构式访谈中，一位村校（教学点）的小学教师说道：“每天除了教学工作，就是管理学生的工作，关于科研的问题，几乎没有想过，也很少见到学校下发关于科研或者申报课题的通知，也有可能是有这样的通知，我自己没有注意到。”从这位教师的话语中可以看出，小学教师的科研意识还是比较薄弱的。

（5）少数民族地区的农村新手教师和年轻教师的科研成果较为匮乏，这可能与这部分教师需要对新环境和新工作有一个适应期和过渡期有关。在非结构式访谈中，一位新入职的年轻教师说道：“刚从学生身份转换为教师身份，我还不太适应，刚到一个新的环境，有很多东西需要我去了解和学习，总觉得时间和精力不够用，没有时间考虑过多的东西，只想着尽快融入工作的节奏中。”可见，新手教师和年轻教师教育科研现状不容乐观的原因如下：首先，他们处于工作的适应期，对教学环境和教学技能都不够熟悉，忙于应付日常的教学与管理工作，几乎没有时间和精力考虑教育科学研究的相关事宜。其次，教育科学研究与日常教育教学工作有极大的相关性，若对教育教学工作不够熟悉，就会影响或阻碍教育科研工作的开展。最后，这部分教师与其他年龄段或教龄段的教师相比，还面临着许多工作以外的事情，如婚姻、生子等[115]。基于此，新手教师和年轻教师的科研成果比较匮乏。

（八）少数民族地区农村教师获得继续教育（培训）合格证书的结果分析

（1）少数民族地区大多数农村教师都有机会进行继续教育（培训）并取得合格证书，但证书量不多，说明继续教育或培训的机会并不大。这可能是由于经费不足，少数民族地区农村的中小学教师无法参加高质量的培训造成的[116]。通过非结构式的访谈得知，虽然农村大多数教师都有机会进行继续教育或参与培训，但是培训的质量并不是很高，多数培训是由县级或是地州级组织的培训，且培训的内容不系统，也不是针对教师的学科教学进行，而是呈现出“大杂烩”的现象，有的培训不限教师的任教学科，不具有针对性，考核的措施简单，有的甚至未采取任何考核措施便给参与培训的教师发放了合格证书。随着教育改革特别是中小学课程改革的不断深入，以学科为中心的教师培训课程资源明显滞后于中小学教育和学科教学改革的现实，难以应答教育教学改革和教师专业化和职业化的实践诉求。[117]

（2）少数民族地区的男教师参与继续教育（培训）的机会略多于女教师，这可能是由于农村女教师除了教学工作以外，还需照顾家庭。根据第三期中国妇女社会地位调查湖南省的数据显示，“有75%左右的女性承担了家庭的大部分或全部日常家务劳动。已婚在业女性工作日平均每天用于家务劳动的时间为122分钟，比已婚在业男性多81分钟；休息日平均每天家务劳动时间长达205分钟，比男性多122分钟。[118]”农村女教师照顾家庭的时间多了，用在进修学习的时间就相对较少了[119]。同时，学校领导也会认为女教师繁重的家庭事务容易影响到工作，于是，更多的培训和进修等机会都会优先给男教师；同时，部分女教师由于照顾家庭的责任和压力，也时常主动放弃外出培训的机会。[120]

（3）少数民族地区的农村小学教师参与继续教育（培训）的机会略低于高中教师和初中教师，这可能是由于农村地区的高中和初中多数是在乡镇上，而小学除了乡镇上以外，还会设立在村里，所以在村校（教学点）的小学教师参加培训或参与继续教育的机会较少。

（九）少数民族地区农村教师辅导学生参赛获得证书的结果

（1）少数民族地区农村教师辅导学生参赛并获得证书的情况不太乐观，这可能与学生本身的素质有关。农村教育的整体状况与城镇相比，存在一定差距，因此，少数民族地区乡镇（中心）校教师辅导学生参赛并获得证书的人数比例略高于村校（教学点）教师，且农村教师辅导学生参赛获奖方面的总体情况不容乐观。

（2）少数民族地区的男教师辅导学生参赛并获得证书的人数比例略高于女教师。这可能与女性角色冲突有关，所谓的女性角色冲突，是指由于职业女性在其生活和工作中需要兼顾两种角色而引发的冲突，这几乎是我国每个女性在其职业发展中都会遇到的问题，只是程度不同而已[121]。而男教师则普遍将更多的精力放在工作上，因此，辅导学生参赛的机会也较多。有时辅导学生参加比赛，需要将学生带到县城或者省城甚至更远的地方，这样离开家且较远距离的出差工作，学校领导也会优先考虑男教师。

（3）少数民族地区的农村教师辅导学生参赛并获得证书的人数比例按大小的排序为：高中教师、初中教师、小学教师。出现这个结果的原因，可能是多数农村的高中和初中学校都设立在乡镇上，离县城较近，因此，初中和高中教师有更多的机会去参与相关比赛，而多数农村的小学都设立在村上，离乡镇和县城较远，能参加相关比赛的机会不太多。

（4）少数民族地区超过一半的农村青年教师未辅导过学生参赛并获得证书，针对这个问题，笔者在进行非结构式访谈时，多数教师说到，由于青年教师入职时间不长，还在工作适应阶段，他们将更多的精力放在了应对学校的日常工作上，如教学设计、与学生沟通和交流、关注学生的血液成绩等，很少将精力放在学生参赛的问题上。因此，农村青年教师辅导学生参赛并获得证书的状况不容乐观。

第二节　少数民族地区农村教师“具体化资本”分析

一、少数民族地区农村教师的“专业理念与师德”的研究结果及分析

（一）少数民族地区农村教师的“专业理念与师德”的研究结果

（1）少数民族地区农村教师具有浓烈的教育情怀，对教学充满热情；

（2）少数民族地区农村教师能做尊重学生，但未做到公平对待学生；

（3）少数民族地区农村教师缺乏培养学生主体性的意识；

（4）少数民族地区农村教师的“职业理解与认识”在性别、学校类别、任教学段、教龄、年龄、所学专业与任教课程是否一致上不存在显著差异；

（5）少数民族地区农村教师“对待学生的态度与行为”在学校类别和教龄上存在显著差异；

（6）少数民族地区农村教师的“教育教学的态度与行为”在性别和年龄上存在显著差异；

（7）少数民族地区农村教师“个人修养与行为”在教龄和年龄上存在显著差异。

（二）少数民族地区农村教师的“专业理念与师德”的结果分析

（1）少数民族地区农村教师具有浓烈的教育情怀，对教学充满热情。问卷的调查结果如图 7.1 所示，说明了当前少数民族地区农村教师对待教育的态度非常乐观，在对“热爱教育事业，教育事业是人生理想”的调查中，有大约 86%的农村教师选择了“比较符合”和“完全符合”的选项，说明大多数农村教师都非常热爱教师这个职业。

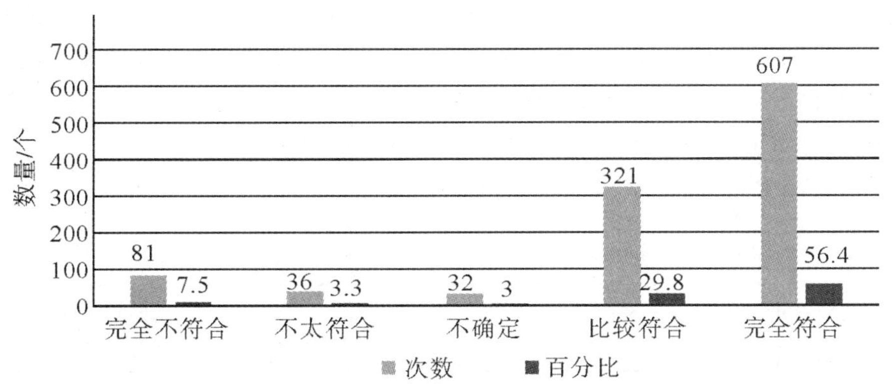

图 7.1　少数民族地区农村教师“热爱教育事业，教育事业是人生理想”的情况

同时，通过非结构式访谈笔者也发现，教师们在被问道：“谈谈您身边的同事对待教育的态度。您对待教育的态度和他们有何不同？为什么？”这个问题的时候，教师们的回答如下：

教师 1：我身边的同事，都很热爱工作，也能积极乐观面对事情，但有些老师已经有了职业倦怠。我比较执着，对工作更认真一点，因为我喜欢这份工作，同时，这份工作对我而言来之不易，所以我会更加珍惜。

教师 2：大家各有各的想法和看法，也许是出于对职业的热爱或是人生的价值的取向。对我来说，这是我从小奋斗的目标，如今不仅是热爱，而是对教育事业的追求。

教师 3：身边的同事对待如今的教育现状表示很担忧，有些力不从心，因为花费在应付检查上的时间太多了，这让很多人不能安心教学。

教师 4：身边的同事都很热爱教育事业，对工作认真负责，我和他们的态度一样，干一行爱一行。

教师 5：我和我身边的同事，工作都很积极，因为这份工作是良心工作。

教师 6：我身边的同事大部分都是年轻的女教师，她们都充满热情和激情，想把这份工作做好，尽量让自己的课堂生动活泼一些，想尽一切办法让学生参与到课堂。

教师 7：身边的同事在工作中大多都是可亲可敬的人，是把青春和激情都奉献给教育的人。我虽然不是师范学校毕业的，但来到这个行业，同事们的工作态度鼓舞了我，让我在不知不觉中变成了一个忠于教育、甘于奉献的人。

从访谈可以看出，农村教师对教育事业非常热爱，他们把青春和激情都奉献给了教育，这是非常难能可贵的。有这样一群默默奉献在基层、热爱教育事业的农村教师，我们相信农村教育必将得到快速的提升和发展。

（2）少数民族地区农村教师能尊重学生，但未做到公平对待学生。在对待学生的态度上，大部分农村教师能做到尊重学生的人格和尊严，能遵守教师职业道德规范以及相关法律的要求，但未能做到平等对待每一位学生，问卷调查的结果如图 7.2 和图 7.3 所示。

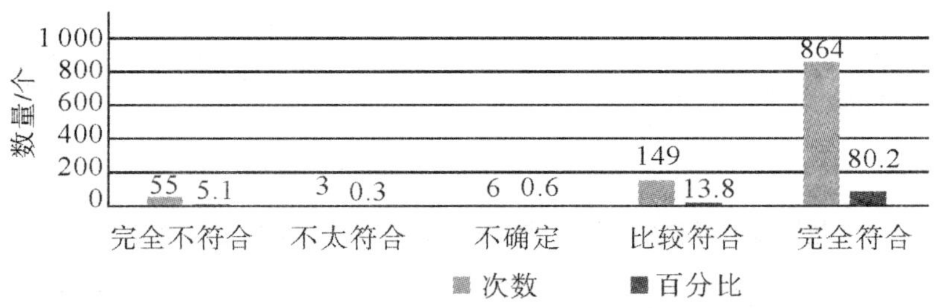

图 7.2　少数民族地区农村教师尊重学生的情况

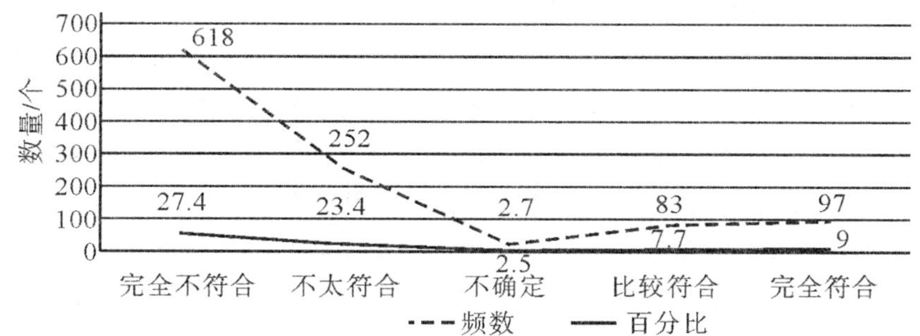

图 7.3　少数民族地区农村教师对待不同学生的态度

多数教师都会喜欢学习成绩好的同学，按照当前更注重学生的成绩和升学率的状况来看，这种情况并不难理解，学习成绩好的同学能拉高整个班的平均分数，能显示出教师的教学成果，所以会受到教师的喜爱。但是，在教师职业道德“教书育人”这条规范中明确指出：教师“不能以学生的分数（成绩）作为评价学生的唯一标准”。因此，少数民族地区的农村教师应转变观念，树立正确的教育观和学生观，接受学生的差异性，通过发现学生其他方面的优点来弥补学生学习成绩方面的不足。

（3）少数民族地区农村教师对教育事业尽心尽力，但是在激发学生的学习主动性方面还有所欠缺。在谈论“没有教不好的学生，只有不会教的老师”这个问题的时候，多数教师认为：老师教得再好，学生要是不听，教学效果也不会好，所以学生的主观能动性也很重要。但在教学过程中基本阶段的第一阶段便是“激发学生的学习动机”，其后才是感知和理解教材、巩固和运用知识，最后是检查。因此作为教学过程的第一阶段，教师更应该尽力激发出学生的学习主动性和积极性。由此可见，少数民族地区的农村教师缺乏培养学生主体性的意识。

（4）少数民族地区村校（教学点）教师的“具体化资本”显著低于乡镇（中心）校教师，这在“对待学生的态度与行为”上就有所体现。其原因可能是在教师招聘的过程中，通常采取优胜劣汰的方式，在“优胜”的这部分应聘者中，以招考的最终排名来决定应聘者是否具有优先选择任教学校的权利，排名靠前的应聘者的具体化资本相对较丰富，则能选择位置及各方面条件较好的学校，否则就只能选择较偏远的村校（教学点）。

（5）少数民族地区农村教师“对待学生的态度与行为”在教龄上存在显著差异。这种差异主要体现在：教龄为 6~10 年的农村教师的“对待学生的态度与行为”显著高于教龄为 1~5 年、16~20 年、26~30 年的农村教师。教龄为6~10年的农村教师要比教龄为1~5年的教师稍有经验，会积极地参加各种与教师专业成长的培训或学习，能接受到教新的教育观念；与16~20年、26~30年的教师相比，显得更年轻，更有活力，对学生会更有耐心。

（6）少数民族地区农村教师的“教育教学的态度与行为”在性别和年龄上存在显著差异，这种差异主要体现在：①女教师在“教育教学的态度与行为”方面的得分显著高于男教师。这可能与女教师的职业与家庭的双重角色有关，女教师通过母亲的职责来影响社会，同时，在教师职业上具有天生敏锐的洞察力和观察力能密切关注到学生的成长[122]。②年龄为21~30岁的农村教师的“教育教学的态度与行为”的得分显著低于年龄为31~40岁的农村教师。年龄为21~30岁的教师与年龄为31~40岁的教师相比，工作经验不足，对学生的身心发展规律了解不够透彻，对学生成绩的提升与道德品质的培养的关系掌握不佳，这可能是造成年龄为21~30岁的农村教师的“教育教学的态度与行为”的得分显著低于年龄为31~40岁的农村教师的原因。

（7）少数民族地区农村教师“个人修养与行为”在教龄上存在显著差异。这种差异主要体现为：①教龄为1~5年的农村教师的“个人修养与行为”的得分显著低于教龄为6~10年、11-15年的农村教师。导致这个结果的原因可能是与教龄为1~5年的农村教师的工作经验欠缺有关，与教龄为6~10年和11-15年的农村教师相比，工作经验不够，在爱心、责任心以及情绪的自我调节等方面都有所欠缺。②教龄为26~30年的农村教师“个人修养与行为”的得分显著低于教龄为6~10年、11-15年、16~20年、21-25年以及31年及以上的农村教师。从这个结果来看，可能是由于教龄为26~30年的农村教师有了一定的教育教学经验，逐渐产生了职业倦怠，因此，在细心、耐心、亲和力以及心态等方面相对有所下降。

二、少数民族地区农村教师的“专业知识”的研究结果及分析

（一）少数民族地区农村教师的“专业知识”的研究结果

（1）少数民族地区农村教师的“专业知识”随教龄的增加而增长；

（2）少数民族地区农村教师的“通识性知识”匮乏；

（3）少数民族地区农村教师的“教育知识”在教龄和年龄上存在显著差异；

（4）少数民族地区农村教师的“学科知识”在性别、学校类别、教龄和年龄上存在显著差异；

（5）少数民族地区农村教师的“学科教学知识”在学校类别、教龄和年

龄上存在显著差异；

（6）少数民族地区农村教师的“通识性知识”在性别、学校类别、教龄和年龄上存在显著差异。

（二）少数民族地区农村教师的“专业知识”的结果分析

（1）少数民族地区农村教师的“专业知识”随教龄的增加而增长。教师的专业知识是一个长期学习和积累的过程，除了在师范学校学习的那部分，在走上工作岗位之后，一边教学一边工作也是学习和积累专业知识的最佳途径。问卷调查的结果表明了随着教龄的增加，教师的专业知识也逐步增长，农村教师表示，教学的过程也是学习的过程。在非结构式访谈时，有部分教师同时提到一个问题：部分知识点在进行教学前是自己掌握不佳甚至不懂的，但是为了能让自己在课堂上说得清楚，为了能让学生在课堂上有所收获，不得不硬着头皮去学，也就是说，为了能更好地教学，教师在这个过程中也学习到了不少新东西。有教师表示：回头想想，其实这就是一个教学促进学习、学习促进教学的过程。因此，随教龄的增加，教师专业知识逐步增长，遵循了教学相长的原则。

（2）少数民族地区农村教师的“通识性知识”匮乏。“通识性知识”主要指普通文化知识，包括自然科学知识、人文科学知识、艺术欣赏与表现知识、信息化信息技术等方面的广博性知识，教师掌握得越多越能体现教师的综合素质。经调查发现，农村教师在自然科学知识、人文科学知识、艺术欣赏与表现知识等方面有所欠缺，追其原因，主要有两个：其一，教师普遍认为有足够的本体性知识（各科教师任教学科的相关知识）就够了，不需要花太多时间和精力去学习其他的知识；其二，平时的教学中很少涉及“通识性知识”，导致教师对学过的知识越来越生疏，也不愿意再去学习新知识。

（3）少数民族农村地区乡镇（中心）校的教师的“专业知识”比村校（教学点）教师的丰富。教师的“专业知识”主要包括“教育知识”“学科知识”“学科教学知识”“通识性知识”，通过问卷调查发现乡镇（中心）校的教师的“专业知识”比村校（教学点）教师的丰富，主要体现在两个方面：一是所教学科内容的基本知识、基本原理和基本技能，二是学科校本课程资源开发与校本课程开发的主要方法与策略。在非结构式的访谈中得知，乡镇（中心）校的教师外出学习和培训的机会较多，在学科教学知识以及校本课程开发两个方面的学习经验较丰富；而村校（教学点）的教师则表示，由于部分村校（教学点）离乡镇（中心）校较远，交通也不是很方便，再加上村校（教学点）的教师人数较少、教学任务重，外出学习的机会不多，所以学科教学的知识更多地需要靠自己学习以及教师间的相互探讨而获取。此外，村校（教学点）的教师还表示，民族地区的教育资源其实比较丰富，可以充分利用民族文化资源作为校本课程开发的素材，但由于自己没有掌握理论知识以及相应的校本课程开发的方法，很多民族文化的教育资源不能被充分利用。

（4）少数民族地区农村男教师的“学科知识”“通识性知识”得分均显著高于女教师，这可能与女教师大多把心思花在照顾家庭上有关。入职后的男教师相比女教师有更多的时间去探索和学习“学科知识”“通识性知识”，因此，农村女教师在“学科知识”“通识性知识”这两个方面均显著低于男教师。

（5）少数民族地区农村教师的“专业知识”在不同教龄和年龄上存在显著差异，这种差异主要表现在：①教龄为1~5年的农村教师的“教育知识”“学科知识”“学科教学知识”显著低于教龄为6~10年、11-15年、16~20年、21-25年、31年及以上的农村教师。②教龄为1~5年的农村教师的“通识性知识”的得分显著低于教龄为6~10年、11-15年、16~20年的教师。综上可看出，教龄为1~5年的农村教师在“教育知识”“学科知识”“学科教学知识”“通识性知识”这几个方面的总体得分较低，说明这个教龄阶段的农村教师的“教育知识”“学科知识”“学科教学知识”不够扎实，这可能与教师刚入职，对教育教学工作不熟悉所导致的。③少数民族地区年龄为21~30岁的农村教师在“教育知识”“学科知识”“学科教学知识”上的得分均显著低于年龄为31~40岁、41~50岁、51岁及以上的农村教师；少数民族地区年龄为31~40岁的农村教师在“通识性知识”上的得分显著高于年龄为21~30岁、41~50岁的农村教师。综上可以看出，年龄为21~30岁的农村教师在“教育知识”“学科知识”“学科教学知识”“通识性知识”这几个方面总体得分较低，说明这个年龄阶段的农村教师的专业知识不够扎实，这可能与教师缺乏相应的教学经验有关。

三、少数民族地区农村教师的“专业能力”的研究结果及分析

（一）少数民族地区农村教师的“专业能力”的研究结果

（1）少数民族地区农村教师的“教学设计”能力在不同教龄及年龄上存在显著差异；

（2）少数民族地区农村教师的“教学实施”能力在性别、学校类别、教龄及年龄上存在显著差异；

（3）少数民族地区农村教师的“班级管理及教育活动”能力在学校类别、教龄和年龄上存在显著差异；

（4）少数民族地区农村教师的“教育教学评价”能力在学校类别、教龄及年龄上存在显著差异；

（5）少数民族地区农村教师的“沟通与合作”能力在教龄及年龄上存在显著差异；

（6）少数民族地区农村教师的“反思与发展”能力在学校类别及年龄上存在显著差异。

（二）少数民族地区农村教师的“专业能力”的结果分析

（1）少数民族农村地区乡镇（中心）校教师的“专业能力”比村校（教学点）教师的强。农村教师的专业能力主要体现在“教学设计”能力、“教学实施”能力、“班级管理”能力、“教育教学评价”能力、“沟通与合作”能力和“反思与发展”能力，经问卷调查结果分析，发现乡镇（中心）校教师的“专业能力”比村校（教学点）教师的“专业能力”要强。这个结果是符合常理的，因为在招聘教师的过程中，都是采取优胜劣汰的方式，在“优胜”的这部分应聘者中，常采取的是以招考的分数或排名来决定应聘者即将任教的学校所处的位置，所以排名越靠前，能选择的学校所在位置以及各方面条件就越好，否则就只能选择村校（教学点）。

（2）少数民族地区农村教师的“教学实施”能力在性别上存在显著差异。这一结果主要表现在：农村女教师处理课堂突发事件、“三笔字”方面不如男教师。课堂突发事件的解决在一定程度上反映了教师的临场应变能力，在面对课堂突发事件上，男教师的处理能力要强于女教师。这其实并不难理解，由于性别的差异，男教师在课堂上显现出来的对课堂的掌控能力，是很多女教师不具备的。因此，女教师应该在处理课堂突发事件方面进行训练和提升。同时，在“三笔字”方面，男教师表现出来的能力要强于女教师，所以，女教师在“三笔字”方面应该多下功夫、多练习，因为“三笔字”的规范书写是对教师教学基本功最基本的要求，“三笔字”的规范能在一定程度上影响学生学习的效果。

（3）少数民族地区农村教师的“教学设计”“教学实施”“班级管理及教育活动”“教育教学评价”“反思与发展”这六种能力在教龄和年龄上存在显著差异，主要表现在：①数民族地区教龄为1~5年的农村教师在“教学设计”“教学实施”方面显著低于教龄为6~10年、11-15年、16~20年、21-25年、31年及以上的农村教师，教龄为21-25年的农村教师在“班级管理及教育活动”方面的得分显著低于教龄为6~10年、11-15年的农村教师，教龄为26~30年的农村教师在“班级管理及教育活动”方面显著低于教龄为1~5年、6~

10 年、11−15 年、16~20 年、31 年及以上的农村教师。在教育教学评价方面，少数民族地区教龄为 1~5 年的农村教师的得分显著低于教龄为 6~10 年、11−15 年、16~20 年的教师，教龄为 26~30 年的农村教师的得分显著低于教龄为 6~10 年、11−15 年、16~20 年的农村教师。教龄为 1~5 年的农村教师在“沟通与合作”“反思与发展”方面显著低于教龄为 6~10 年、11−15 年、16~20 年的农村教师；教龄为 26~30 年的农村教师在“沟通与合作”“反思与发展”方面显著低于教龄为 6~10 年、11−15 年、31 年及以上的农村教师。综上可见，教龄为 1~5 年的农村教师的“教学设计”“教学实施”“班级管理及教育活动”“教育教学评价”“沟通与合作”“反思与发展”这六种能力总体得分较低，说明这个教龄阶段的农村教师“教学设计”“班级管理及教育活动”这两种能力有所欠缺，不够扎实，这可能是由于教龄为 1~5 年的教师刚入职，对教育教学工作不熟悉所导致的。②少数民族地区年龄为 21~30 岁的农村教师的“教学设计”“教学实施”“反思与发展”方面的得分显著低于 31~40 岁、41~50 岁、51 岁及以上的农村教师；年龄为 31~40 岁的发现少数民族地区农村教师在“教育教学评价”“沟通与合作”方面的得分显著高于年龄为 21~30 岁、41~50 岁的农村教师。综上可看出，少数民族地区年龄为 21~30 岁的农村教师在“教学设计”“教学实施”“班级管理及教育活动”“教育教学评价”“沟通与合作”“反思与发展”这六个方面的能力都较低。这可能是因为 21−3 岁教师缺乏教育经验，从教师专业发展的理论上来看，这一时期的教师还处在适应工作的过程中，因此，专业能力显得相对较差。

第三节　少数民族地区农村教师“客观化资本”分析

一、少数民族地区农村教师“客观化资本”的研究结果

（1）少数民族地区农村教师的“客观化资本”在学校类别上存在显著差异；

（2）少数民族地区农村教师的“客观化资本”在任教学段上存在显著差异；

（3）少数民族地区农村教师的“客观化资本”在教龄上存在显著差异；

（4）少数民族地区农村教师的“客观化资本”在年龄上存在显著差异。

二、少数民族地区农村教师“客观化资本”的研究结果分析

（1）少数民族农村地区村校（教学点）教师的客观化资本明显低于乡镇（中心）校教师。这结果是由我国长期以来的农村地区与城市地区的资源配置差异所导致的，城镇学校多是区域的资源高地，汇聚了区域内的优秀教师[123]，而村校（教学点）的教育资源相对较匮乏，这使村校（教学点）教师教育资源的获得与利用均显著低于乡镇（中心）校教师。同时，地域条件也是造成村校（教学点）教师的客观化资本明显低于乡镇（中心）校教师的一个因素，由于乡镇（中心）校都地处乡镇街道，村校（教学点）则分布在各个村里，乡镇的综合条件要比村里的好得多，乡镇教师和学生的总体素质相对更好。因此，应大力扶持村校（教学点），改善村校（教学点）的教学条件，缩减城乡教育差距。

（2）少数民族地区农村教师的“客观化资本”在任教学段上存在显著差异，这主要体现在：高中阶段的农村教师在“充分利用学校所提供的图书或教学资料”方面显著低于初中阶段和小学阶段的农村教师。这可能与教师的教学环境有关，农村的高中一般设立在乡镇上，农村的初中和小学除了设立在乡镇上以外，还设立在各个较为边远的村落，可见高中教师的教学环境以及交通、网络等方面要优越于中学和小学的教师们，所以高中教师可能会通过自己的方式寻求教学资料，较少依靠学校提供的资源。在非结构式访谈中，有高中教师提道:“学校的图书和教学资料更新较慢，高中阶段最大的压力就是高考，作为高中教师，了解当前的考试信息比较重要，所以我通常都是自己关注网络信息，然后在网上下载相关的考题给学生长长见识。”而小学教师则说：“学校会提供一些与教学相关的资料，小学阶段主要是让学生打好基础，学习的知识大多不变，学校提供的教学资料虽然不多，但是都是比较有用的，所以常会借来参考。”初中阶段也是打基础的阶段，所以这个阶段的教师的想法大多与小学教师的相似，因此，初中阶段和小学阶段的教师更能充分利用学校所提供的图书或教学资料。

（3）少数民族地区农村教师的“客观化资本”在年龄和教龄上均存在显著差异，且新入职教师也就是年轻教师不善于发现及充分利用教育资源。本研究中的新入职的教师主要指教龄为 1~5 年的教师，通过调查问卷，笔者发现这部分教师认为其所具备的教育资源不够丰富，身边可利用的教育资源较少。这在一定程度上说明新入职的教师比较不善于发现身边的教育资源。在非结构访谈的过程中，有教龄为 1~5 年的教师表示：“由于刚入职不久，对学校的很

多教育资源还不了解，说来不怕你笑话，来了一两年，学校的图书室是什么样我都不知道，感觉也不是我不爱学习，只是学校的教学任务重，再加上要应付很多检查，有的时候还有精准扶贫的任务，真的是没有时间去图书室，我大概知道在哪个位置，但是还没进去过，也不知道里面有哪些对我教学有用的书籍，希望尽快抽出时间进去看看。”还有教师说道：“来到这个地方不久，感觉自己还没融入这里，接触的人只有同事和领导，关于学生和学生家长，了解的真的不多，所以也不能较好地运用身边的教育资源。”新入职教师对学校和身边的资源状况不够了解，应该快速适应教师工作的新节奏，充分利用身边的教育资源让自己迅速地成长起来，全身心融入教育教学工作。

第八章　文化资本视角下少数民族地区农村教师素质提升策略

第一节　少数民族地区农村教师“体制化资本”提升策略

一、少数民族地区农村教师提升学历及学位的策略

学历和学位能证明一个人的受教育程度，学历和学位越高的人受教育程度也越高。社会普遍认为：学历越高的人积累的知识越多，理论功底也越丰厚。教师作为教书育人的职业，应该具有较高的学历和学位，这常被看作教师这个职业必备的条件之一[124]。有数据表明，受教育程度与个人能力之间存在着正相关关系[125]，即受教育程度越高，个人能力越强。2012 年 8 月 20 日，《国务院关于加强教师队伍建设的意见》（国发〔2012〕41 号）指出：“修订《教师资格条例》，提高教师任职学历标准。[126]”这表明未来教师资格的学历条件将提高。因此，对当前少数民族地区农村教师在学历方面存在的问题，笔者提出了如下提升策略。

（一）严把教师入职学历、学位水平关

教师的学历和学位不仅衡量了教师的学识和能力，也代表其具备不断学习进步的品质[127]。目前，少数民族地区农村学校存在着未取得学历和学位的教师，这不但违背了《教师法》，还影响了农村教师队伍的建设。因此，少数民族地区农村学校在教师入职招聘时，应该严把入职学历、学位水平关，保证少数民族地区农村中小学教师的学历水平在本科及以上，学位水平在学士及以上层次。这样能从源头出发，保证少数民族地区农村教师的学历及学位水平。

（二）建立荣誉机制，鼓励农村教师提升学历、学位

学历提升不但可以促进教师专业发展，提升教师队伍的整体素质，还能提

升教育的质量。因此，少数民族地区农村学校可采取相应的激励机制，鼓励未取得学历、学位的教师，或者只具有中专或大专学历的农村教师通过在职学习，达到符合《教师法》规定的学历和学位。此外，还可以将教师的学历、学位的提升与职称评定挂钩，为促使农村教师不断地提升自己的学历和学位，学校在进行职称评定时，可以对获得较高学历和学位的教师进行适当的倾斜。但是，也不能把学历作为职称评定的硬性条件，由于乡村教师所处环境、地理条件的特殊性，具体情况还应具体对待。从推进农村教育质量的全局性出发，培养卓越发展的乡村教师[128]。少数民族地区农村教师学历、学位层次的提高，不但能使少数民族地区农村教师整个群体获得更多的社会尊重，享有更高的社会地位，而且有利于少数民族地区农村教师职业的专业化，也有利于少数民族地区农村教师作用的发挥[129]，有利于少数民族地区农村教师更好地进行教学。

二、少数民族地区农村教师提升职称评审的策略

（一）提升教师职业获得感，建立科学合理的职称评审制度

教师的获得感包括职业尊严和职业成长的获得感，教师也希望自己的付出能得到肯定。针对当前教师职称评审遇到的难题，笔者建议学校设置地方职称的“周转池”，由于职称的评聘一体化，许多教师教学业务水平不佳转向了行政岗，这便挤占了青年教师的职称名额，因此，每个学校可以根据自身的情况进行协调和调配。此外，可以将具有突出贡献的教育教学者作为特殊人才进行破格提拔，并且这部分提拔可以不占用原有的职称指标。此外，在破格提拔时可在教龄上放宽条件，更看重教师对教育教学的付出与贡献，这样的方式可以激励少数民族地区年轻教师具有积极的教育理想与教育行为。

（二）打破教龄与学科限制，探索农村教师职级的激励机制

教龄在职称评审中应该作为“加分项”存在，同等条件下教龄长的教师优先评职称，教龄不够也不应该成为年轻教师参加职称评审的障碍。针对年轻教师的职称评审问题，对在师德、能力、业绩、贡献等方面表现特别突出的年轻教师应该予以肯定，并在职称评审中予以充分考虑。这符合《中共中央国务院关于全面深化新时代教师队伍建设改革的意见》指出的中小学教师职称改革的原则，也有利于激发年轻教师的工作热情[130]。为了充分发挥职称评审对少数民族地区农村教师工作的激励性，可采取对少数民族地区农村教师职称岗位工作进行相应的考核，建立“能上能下”的职称制度，避免少数民族地区农村学校出现一些教师评上职称之后就懈怠工作等不良状况[131]。

三、少数民族地区农村教师在任教资格方面存在问题的解决策略

（一）学校进行严格把关

少数民族地区多数农村学校缺乏师资，导致少数民族地区农村教师存在任教资格与任教学段不匹配的现象，甚至有部分教师未取得教师资格。当前教师资格证的获得需要通过统一的考试，但在实施考核过程中存在着门槛较低的情况，虽然申请教师资格的要求有相对应的普通话等级、学历层次、教育知识技能、思想品德和身体条件等方面，然而教育知识技能仅要求理论知识笔试以及短时试讲合格即可，应考者经过突击准备便可过关[132]。教师职业对整个教育甚至整个社会的发展都会起到非常重要的作用，如果少数民族地区农村教师未取得相应的教师资格，那将会对少数民族地区农村的教育质量有着极为严重的影响。因此，少数民族地区农村学校在招聘教师的过程中应该严格把关，选择合格的、已取得相应任教资格的教师从事教育事业，杜绝不具备教师资格的人员进入教师队伍，实行聘任制，竞争上岗[133]。

（二）规范教师任教资格

少数民族地区农村学校应该重视教师的任教资格，在全校范围内进行排查，对未取得相应教师资格的教师提出硬性要求。与此同时，学校可为这部分教师提供相关培训，要求教师在教育教学工作之余不断进行学习，从普通话、教育知识技能、思想品德和身体条件等各方面做足准备，积极参加教师资格证考试，务必获取任教学段所对应的任教资格，以此来规范少数民族地区农村教师队伍，以期提高少数民族地区农村学校的教育质量。

四、少数民族地区农村教师在普通话水平方面存在问题的解决策略

普通话是我国的通用语言，也是教师的职业语言[134]。在少数民族地区，教师是普通话教育的重要承担者[135]，因此，少数民族地区教师的普通话水平需不断提高，才能更好地承担少数民族地区的普通话教育任务。

（一）学校营造良好的普通话学习和使用环境

少数民族地区农村学校需要提高认识，高度重视普通话的使用，营造良好的学习普通话的氛围，如在学校的公告栏或相关位置张贴“请讲普通话”等宣传标语，加强少数民族地区农村学校的校园文化建设的同时，提升教师说普通话意识，提高教师使用普通话的能力。同时，少数民族地区农村学校还可以利用“推普周”等契机开展丰富多样的主题活动，如朗诵会、演讲赛、故事会、普通话观摩课等，让普通话的使用在校园中占据主导地位，让普通话成为

校园语言[136]。此外，少数民族地区农村学校还可以组织校内普通话较好的教师对普通话不好的或者未取得普通话证书的教师进行培训；对普通话水平高的教师以及普通话水平提高最快的年长的教师进行表彰奖励[137]，从而鼓励广大教师不断提升自己的普通话水平。

（二）学校建立有效的监督机制，强化普通话培训

少数民族地区农村学校的普通话推广工作是一项长期且较为艰巨的任务。少数民族地区有不少教师是少数民族，学普通话时会受到本民族语言的影响，所以要提高自己的普通话水平相对来说有一定的难度。因此，少数民族地区农村学校应该建立有效的监督机制，坚决要求教师在教学中使用普通话。同时，少数民族地区农村学校还可以将普通话的使用及练习同教师的年终考核以及薪酬挂钩，建立合理的奖惩机制，督促教师主动在教学中使用普通话[138]。此外，还可以将普通话的培训和练习列为校本培训的重要内容之一，只有通过不断努力，才能使少数民族地区农村教师的普通话水平得到提高[139]。

五、少数民族地区农村教师在英语水平方面存在问题的解决策略

（一）学校努力创造条件，加大对教师英语水平的培训力度

职后培训是少数民族地区农村教师综合素养提升的主要途径，因此，少数民族地区农村学校应该努力创造条件，为教师提升英语水平提供培训的机会。职后教师英语水平的培训，少数民族地区农村学校要制定合理的目标和采用合适的方法。目标要合理，不宜太难也不宜太简单，应根据教师的基础而确定；形式要多样，可采取校本培训的方式，让本校的英语教师为其他学科的教师进行培训并考核；若少数民族地区农村学校没有英语教师，也可采取“走出去，请进来”的方式，少数民族地区农村学校可以分批派老师出去参加英语提升的相关培训，还可以聘请一些专家到校进行相关培训。总之，少数民族地区农村学校要对教师的英语水平加大重视，这也是农村教师专业发展的一个不可缺少的部分。

（二）教师应主动提升自我，将学习英语列入专业发展的计划中

通过调研发现，部分较偏远的少数民族地区农村学校的英语教师十分紧缺，有的学校甚至没有英语教师，英语教学的任务便交给其他学科的教师来承担，有部分“万能教”（一人承担多门学科教学任务）的教师则提出，由于自己是非英语专业的，所以英语水平不够，再加上多年未学习和练习英语，英语的教学工作非常困难，但这是学校安排的任务，不得不硬着头皮完成。由此可见，少数民族地区农村教师学习英语是有必要的，不但能满足工作的需求，还

能提高自己的综合素质，此外，这样做还能给少数民族地区农村学校的学生做好终身学习的示范和榜样。

六、少数民族地区农村教师获荣誉评选的解决策略

（一）外部条件的支持：增设农村教师专属荣誉称号

在我国加快推进城乡一体化建设的背景下，少数民族地区农村教育的发展是较为重要的部分。但是，由于少数民族地区农村教师的工作环境的特殊性，笔者建议在荣誉评选上增设部分专门针对少数民族地区农村教师的荣誉称号，这不但能展现出国家及社会对少数民族地区农村教师的重视程度，也能使更多的少数民族地区农村教师有机会获得相应的荣誉称号[140]，从而不断激发少数民族地区农村教师的教育激情，鼓励少数民族地区农村教师终生从教，加强少数民族地区农村教师队伍建设，这不但是弘扬尊师重教良好风尚的体现，更是尊重劳动、尊重知识、尊重人才、尊重创造的体现[141]。同时，增设相应的荣誉称号还能增强少数民族地区农村教师职业荣誉感，给少数民族地区农村教师创造良好的教书育人环境[142]。

（二）教师自身的努力：提高自我效能感

教师荣誉的评选是对教师工作的认可和认同，因此，少数民族地区农村教师除了需要外部条件的大力支持以外，还应该主动提升自我效能感。所谓的自我效能感，是社会心理学家班杜拉在社会学理论中提出来的，是指教师对教育作用、对自己的教学能力与影响学生发展的自我判断、信念和感受[143]。因此，少数民族地区农村教师应该相信自己从事的教育教学的工作是有价值的，自己能够通过在工作中的不懈努力来提高教育教学水平，努力增强自我发展的效能感，不断实现自我超越、自我发展，获得更多的荣誉。

七、少数民族地区农村教师在教育科研方面存在问题的解决策略

（一）学校合理平衡教学任务，组建教育研究团队

大多数少数民族地区农村学校的师资不够，尤其是农村小学的英、音、体、美等学科教师的缺乏，导致多数教师除了承担自己专业的学科教学之外，还要承担其他与自己专业不太相关的教学任务。不合理的教学任务安排使农村教师忙于教学工作，繁重的教学任务让他们鲜有足够的时间去提升自我，这在很大程度上制约了农村教师专业素质的提高。鉴于此，少数民族地区农村学校在开设课程和安排教学任务的时候，可以更多地结合农村教师的专业及其职业发展规划，平衡教师的教学任务，让教师在乐教的同时能够乐学，从而更加有

效地提升少数民族地区农村教师的专业素质。

少数民族地区农村学校应该更加重视教育研究活动，组建新手教师与成熟教师组合的教育研究团队，并且从少数民族地区农村学校的实际需要以及教师的专业特长出发，共同探究研究选题，设计新颖有趣的教育研究活动方案，开展行之有效的教育研究活动。组建教育研究团队不仅能使新手教师客观地审视自己，认识到自身存在的不足，还能让他们从成熟的教师身上学习到丰富的教育研究经验，促进新教师的成长；新教师的活力和新想法也可以为团队注入更多的创造力，能让少数民族地区农村教师事半功倍地提高教育理论水平，提高教育研究能力，推动少数民族地区农村教师队伍的整体发展。

（二）提高教师教育科研的自主意识，加强对教师教育科研的指导和培训

教育科研不仅能提升教师的专业素养，还能有力推动教学工作，促进学校内涵发展[144]。目前，少数民族地区农村教师进行教育科研的自主意识还不是很强，大部分教师参加教育科研都是为了完成学校的任务，很少能自主地进行课题研究。只有当教师自己有了研究意识，掌握研究的自主权时，才能真正成为一个研究型教师。因此，少数民族地区农村学校应多鼓励教师自主设立研究课题[145]。同时，学校可以组织专门针对科研课题（项目）的讲座[146]，与高校合作，邀请高校科研骨干教师到校对全体教师进行针对性的教育科研培训，还可建立专家指导机制，与高校教师共同完成课题研究。在高校教师以及相关专家的带领下，培养农村教师学会结合自身教学实际进行研究选题设定、查找相研究资料，通过科学的研究方法和具有可操作性的实施步骤完成研究内容[147]。此外，少数民族地区农村学校还应加大对新教师的培养力度，应多关心新教师，注意培养他们养成良好的研究习惯和正确的研究态度，以不断提高少数民族地区农村新教师的科研素养[148]。

八、少数民族地区农村教师在继续教育（培训）方面存在问题的解决策略

（一）教师合理地制订职业规划，主动参与进修学习

没有规划就没有未来，如果每个少数民族地区农村教师都能合理地制订一份职业发展规划，这将会对少数民族地区农村教师的职业生涯产生正向、持久的影响[149]。没有合理地进行职业规划是少数民族地区农村老师产生职业倦怠，出现角色混乱的重要原因之一。少数民族地区农村教师应调整心态，时刻提醒自己要为人师表，做学生的启蒙者，因此，要对自己的职业有清晰的规划。少数民族地区农村教师可以根据自己的情况确定一个总体的目标，随后，可以以三至五年为单位，在这个基础上，提出近期、中期和远期的目标，再在近期的

目标中提出每年的目标，最后将每年的目标具体划分为季度目标、月目标、周目标和日目标[150]。少数民族地区农村教师通过不断学习与进步来实现职业规划的目标，不但能让自己更好地胜任教学、科研、管理等各项工作，还能有效提升自我的专业素质。

从访谈的结果来看，很多少数民族地区的农村教师不愿外出学习的原因有两个，一是怕麻烦，二是缺乏自信。一方面，外出学习流程复杂，路途奔波劳累，学习归来后得和其他同事分享心得，还要率先将学习所得运用到教学实践之中，需要花费大量时间和精力；另一方面，有的少数民族地区农村教师认为自己的知识面窄、眼界不开阔，没信心与其他优秀教师开展交流，更愿自己独自学习。少数民族地区农村教师若要提升自己的专业素质，就应该调整好心态，积极争取外出进修学习的机会，学习经验，取长补短。这也有利于增进与外校教师之间的联系，形成互相交流合作的氛围，实现互惠共赢，进一步推动少数民族地区农村教育的发展。

（二）学校不断增强人文关怀，持续完善培训制度

调查发现，少数民族地区农村教师的职业认同感不高，教师队伍士气低落，这与少数民族地区农村小学教师的社会地位不高有一定的关系。所以学校领导应该在要求教师遵守法律法规和学校规章制度的前提下，落实以人为本的管理理念，形成以人文关怀为基础的校园文化，营造和谐的教育环境，给予少数民族地区农村教师更多的关注和激励，在缓解教师工作压力的同时，让少数民族地区农村小学教师感受到更多的尊重，帮助教师重塑自信，使少数民族地区农村教师更加乐于从事教育工作。

与此同时，少数民族地区农村学校需要持续有效地完善教师专业培训制度。少数民族地区农村学校应大力配合教育行政部门，配备教师专业培训的资金，寻找教师专业培训的机会，完善教师专业培训内容，拓宽教师专业培训的路径[151]，建立并逐步完善少数民族地区农村教师专业培训体制机制，做好教师培训工作。只有这样，才能确保少数民族地区农村教师频繁且高效地投入到各类促进教师专业成长的学习中，让少数民族地区农村教师获得更多先进教育理念和教育教学经验，提升自身的专业素质。

九、少数民族地区农村教师提升辅导学生参赛的策略

（一）农村学校自主举办各类学生竞赛

少数民族地区农村学校开展学生竞赛是提高教育教学质量的重要手段之一，是培养学生创新意识、协作精神和实践能力的重要载体和有效手段[152]，

也是推动少数民族地区农村学校深化教育教学改革的重要手段[153]。少数民族地区农村教师指导学生参加各类比赛能有效提升专业教师的专业实践能力和教育教学水平，是培养“双师型”教师的有效途径[154]。因此，少数民族地区农村学校除了鼓励学生参与其他校外举办的学生竞赛以外，可自主为本校学生举办各类竞赛，如作文竞赛、英语阅读竞赛、朗诵比赛、数学竞赛等给学生提供锻炼的平台，也给教师创造了专业发展的机会。此外，少数民族地区农村学校需完善学生竞赛的奖励制度，从而激发教师与学生对参与竞赛的热情[155]。

（二）教师倾力指导学生参加各类竞赛

调查中发现，多数少数民族地区农村教师对辅导学生参加比赛的相关事宜并不热衷，认为辅导学生参加比赛会消耗大量的时间和精力，如果是去参加县级或是省级的比赛，农村的学生不占优势，所以取到好成绩的概率相当低。因此，少数民族地区农村学校应该采取一定的措施鼓励农村教师积极参与到辅导学生参加各类比赛中；此外，少数民族地区农村教师应该转变观念，明确辅导学生参加各类比赛是教学工作的一个部分，是培养学生全面发展的一种方法，也是培养学生创新精神和时间能力的一种形式，同时，也是提升教师专业发展的有效途径。

第二节　少数民族地区农村教师“具体化资本”提升策略

一、学校层面

（一）完善教师培训制度

少数民族地区农村学校需要持续有效地完善教师专业培训制度，以确保少数民族地区农村教师能频繁且高效地投入各类促进教师专业成长的学习中，让少数民族地区农村教师获得更多先进的教育理念和教育教学经验，提升自身的专业素质。从培训的模式来看，可采取“校本培训+开放式培训”。校本培训可采用课题研究、“案例教学”模式、临床诊断模式、“师徒制”模式等相结合[156]，以及专业引领、自我反思、专题研讨等方式来进行[157]；同时，采取“请进来、走出去”的方法，在请有关专家到校进行指导的同时，少数民族地区农村学校还可组织广大教师外出学习和观摩，拓宽视野，开阔眼界[158]。从培训的内容来看，少数民族地区不同年龄和教龄以及不同学科的教师对培训的需求不同，因此，在对教师进行培训之前，应该先通过调研了解各类教师的培训需求，从而制订具有针对性和实用性的培训计划。也可从教师的专业理念与师德、专业知识以及专业能力出发[159]，在满足教师的实际需求的同时，也使教师对培训学习产生兴趣，只有这样才能使培训达到效果[160]。从培训课程的具体方式来看，应注重灵活性与多样性相结合，利用案例教学式、问题探究式、现场诊断式、自修反思式、任务驱动式、双向互动式等多样化的培训形式，组织参训教师合作研讨[161]。

（二）修订教师成长标准

教师的成长，离不开学校的支持和关注，因此，少数民族地区农村学校应构建起内部的治理体制，以制度或标准的方式来帮助教师成长。可通过修订类似《教师终身学习考核办法》《校本教研管理办法》《教育科研管理与奖励办法》《教师职称聘任办法》《教师师德评价办法》等制度[162]，对教师的发展和成长做出具体的规定和指导。如，对教师的专业理念与师德，学校制定出严格的师德目标管理考核细则，对教师的理想信念、道德情操、仁爱之心、扎实学识等素质建设内容进行明细的规定[163]，从制度上规范教师言行；同时，少数民族地区农村学校还可定期组织教师举行师德师风演讲比赛[164]，或者定期评选“学生心中好老师”等。对教师的专业知识，少数民族地区农村学校可定期对教师的“教育知识”“学科知识”“学科教学知识”“通识性知识”进行测试，测试前可由学校组织进行培训，测试后的结果与教师的年终考核直接挂钩。对于教师的专业能力，少数民族地区农村学校可每学年开展1~2届全体教师的教学展示课活动以及青年教师教学设计、教学技能、教学基本等比赛；也可每1~2周举行优秀教师示范课，并让全校教师进行观摩学习或教学研讨，这不但能向全校教师推广优秀的教学经验和方法，还能激励全体教师在教学上投入更多的精力，让他们更加努力地去钻研业务和进行教学创新[165]。总之，少数民族地区农村学校可从自身的发展实际出发，制定一系列的、有针对性的、可操作性强的制度和标准或者办法，并把这些制度合理地落实到学校的常规管理中去[166]。

二、教师层面

（一）始终坚持教学反思

教学反思是提升教师专业发展的重要途径之一，它不仅有利于增强教师的专业精神和专业能力，而且还是教师获得专业知识的重要途径[167]。教师的专业成长首先源自自我思想的觉醒[168]，波斯纳曾经提出了教师专业成长的公式，即“教师成长=教师实践+反思”[169]。也有学者提出，“即使有20年的教学经验，也许只是一年工作的20次重复；除非教师善于从经验反思中吸取教益，否则不可能有什么改进。[170]” 教育实践也证明了教学反思是促进教师专业发展的强有力手段。然而，少数民族地区农村教师的教学反思往往仅限于形式，没有注重反思的过程和对结果的运用，这在一定程度上限制了少数民族地区农村教师专业素质的提升。因此，在反思的形式和方法上，可以采取反思日记、听取学生的意见、教学现场实录等方式[171]，同时，可以采用教学反思互助会等形式，定期组织教师团队开展教学经验交流活动，将他人评价与自我反思相结合，形成教师之间互相督促、互相帮助的氛围，并及时指导教学实践，坚持在教学中反思，在反思中实践。在教学过程中，少数民族地区农村教师可根据教学的要求、学生的情况、教学内容的变化等调整自己的教学方法和管理策略，总结相关的经验，学习有关的知识，并不断总结和反思[172]。因此，少数民族地区农村教师只有通过不断反思自己的教育教学行为，才能从中发现问题，积累经验，总结教训，从而得到发展[173]。

（二）适应多种工作角色

教师不仅是教书育人的教育者、文化知识的传递者、智力资源的开发者，更是学生未来生活的设计者、心理健康的指导者、学校与社会的沟通者和教育现代化的开拓者[174]。新课程对教师角色的期待是从知识传授者到学习促进者，从课程执行者到课程研究者、开发者，从教师到教师学生[175]。在全面变革的教育环境中，教师的角色有探求者、合作者、指导者、学习者、自省者以及学者[176]。网络时代教师角色的转换是从知识学习指导者转变为未来生活设计者，从文化知识传授者转变为知识体系建构者，从课程教材执行者转变为课程教学研究者，从教育教学管理者转变为人际关系艺术家，等等[177]。在核心素养视域下，教师的角色有“核心素养”的研究者、“文化基础”的反思性实践者、“社会参与”的专业人与课程文化的共建者、“自主发展”的设计者、开发者与评价者[178]。课程改革下的教师角色“从知识的传授者转向学生学习的伙伴和促进者，从学生学习的支配管理者转向学生学习的引导者，由课程的执行者转化为课程的开发者，由普通教师转化为教育研究者，由‘知识权威’转化为终身学习者，由学生的人格塑造者转变化为心理医生与朋友”[179]。在新课程理念下，教师的角色为“教育思考者”和“心灵共情者”“课程创生者”和“教学对话者”“方法引领者”和“科研活跃者”[180]。教师要转变传统范畴里的知识传授者身份，以教促学、以学促研，反过来再以研来提升教和学[181]。因此，为了成为更好的教育者，少数民族地区农村教师转变传统、滞后的教育观念至关重要[182]。

（三）制订自主发展规划

教师的自主发展是一种自觉的、主动的发展状态，是基于教师的主观能动性的自我超越活动[183]。首先，少数民族地区农村教师要有追求自我发展的意识，只有对专业成长有强烈的责任感，充分发挥主观能动性[184]，充分认识到自己的专业发展的重要意义以及自身在专业发展方面的责任，从而强化自己的专业发展的主动性与自觉性，才能使少数民族地区农村教师积极地寻求专业发展的途径[185]；少数民族地区农村教师在教育教学中应该有意识地寻找学习机会，不断丰富、更新自身的专业素养，促进自身的专业发展[186]。其次，少数民族地区农村教师要有明确的自主发展规划，可以选择围绕自身的教育教学业绩、教学成果、教学反思等，制订自我发展规划，设计发展目标，规划发展路径[187]；也可以分阶段进行，可以设计短、中、长期规划，待实现一个阶段目标后，便可再次制订下一个阶段的规划。与此同时，少数民族地区农村学校的管理者也可以就教师的阶段规划目标定期与教师进行交谈，帮助少数民族地区农村教师养成发展的自觉性[188]。

（四）自觉践行终身学习

终身学习是当今社会发展的必然趋势，一次性的学校教育已不能满足人们不断更新知识的需要[189]。尤其是教师这个承担着立德树人的神圣使命的群体，更应该不断学习、不断更新自己的知识体系，在与时俱进的同时提升教育质量。因此，为了提升少数民族地区农村的教育质量，缩小城乡教育的差距，少数民族地区农村教师应该树立终身学习的思想，及时掌握教育改革与发展的新动向，获取教育研究的最新方法和相关的理论知识[190]。同时，教师在教学的过程中，要不断学习新的教学方法、教学模式，勇于在教学实践中进行改革和创新。与此同时，要以《教师专业标准》的要求勉励自己，奉行终身学习这一基本理念，在不断学习学科知识和教育教学知识之余，还应主动构建有关中小学生发展、学生活动组织与实施的知识体系，不断丰富自身在自然科学与人文社会科学方面的知识，提高科学和人文素养，增强持续发展能力，为专业成长扎稳根基。

第三节　少数民族地区农村教师“客观化资本”提升策略

一、学校方面：加强城乡学校合作，共享优质教育资源

强化基础设施建设是城乡学校之间采取合作并共享优质教育资源的途径之一。目前，部分条件较好的学校已经完成“宽带网络校校通”“优质教育资源班班通”，少数民族地区农村学校应不断丰富和完善教育资源，为教育资源共

享打下基础。少数民族地区农村学校的教育资源或教育情况也有自己的优势和优点：其一，民族地区的民族文化对于当地的农村学校而言，是一笔巨大的宝藏；其二，少数民族地区农村学校具有良好的生态教育资源。因此，少数民族地区农村学校可及时推进教育现代化，完善学校网络资源，建立“宽带网络校校通”“优质教育资源班班通”，在与城镇学校共享并传播民族文化的同时，还能共享生态教育资源。

少数民族地区农村学校与城镇学校相比，仍旧存在较为明显的差异[191]，城镇学校的教学条件通常比农村学校的教学条件更优越、丰富，因此，可以建立“交流轮岗”机制，采取“校长轮岗+教师轮岗”双制度，引导城镇优秀学校的校长和骨干教师与农村教育薄弱的学校进行流动，城镇优秀学校的校长和骨干教师可以将先进的教育理念、教学模式，多样的教学方法、丰富的教学经验带到农村学校，一边教学一边分享和培训农村学校的教师，促进农村教育整体质量；同时，在实际的教学工作中，农村学校还可以邀请城市的教师前来进行辅助，城乡相互结合，给予双方不一样的体验，促进双方的共同发展[192]；此外，农村教师到城镇优秀的学校进行学习及体验校园文化，以期将所学的知识以及先进的教学方法带回农村学校。城乡学校之间进行合作，共享优质的教育资源，不但能促进城乡教育的均衡发展，还能促进整体教育不断进步。因此，少数民族地区的农村学校要加强校际合作，开展联片教研，促进校际互动及资源共享。

二、教师方面：教师需勤于思考，发挥农村资源优势

从整体上来说，少数民族地区农村学校的教育条件与资源比不上城镇学校的，但是少数民族地区农村学校的教师应该创造性地挖掘并充分利用少数民族地区的资源。在访谈中，多数少数民族地区农村教师对当前的教育资源配备情况比较满意，但是教师自身的学习和使用状况并不好。

问题：您认为教师可以利用身边的哪些资源，您是如何利用这方面资源的？

教师 1：现在可以利用的教育资源太多了，各种网络平台，如金州教育云平台、教学助手、教学帮、学校班班通设备、电教室和多媒体教室等，国家对这方面非常重视，投入得也非常多。但是很多老师对这些设备的学习和使用度还不够，包括我自己，虽然平台很多，但是传统的教育方式局限了我的学习主动性，学习的意识不强了，所以这些设备不能被充分利用。

教师 2：感觉少数民族地区农村学校的资源还是没有城镇的丰富，硬件设

施就不说了，从学生家长的角度来看，城镇学生家长更注重学生的学习情况，会协助教师辅导学生的作业和教育情况，但是农村学校的学生，有一部分是留守儿童，父母都不再身边，感觉学生的教育重任全都压在教师的肩上，关于家长方面的资源，感觉无法利用。

通过访谈和调查，笔者发现少数民族地区农村学校现阶段的教育资源已经逐步得到丰富，但是接下来要确保少数民族地区农村教师能勤于学习、善于思考、积极主动地挖掘并使用身边的教育资源，不应一味地埋怨身边资源不够丰富，而应进一步思考身边资源有哪些优势？如何开发和利用好这些资源？同时，少数民族地区农村教师应树立正确的教师观，改变自己的角色定位，从传统的教书匠转向教育教学研究者，不断探索、不断进步；此外，少数民族地区农村教师要树立终身学习的理念，有部分教师还具有传统的思想，一是认为当了教师就不再需要学习了，二是安于现状，怕麻烦，不愿进步。因此，改变少数民族地区农村教师的意识才是解决问题的关键，就像在非结构访谈中一位教师说的：一个不爱学习的人，给他准备再多、再丰富的教育资源也没有用；而一个爱学习、爱进步的人，即使在非常艰苦的环境中也能创造出条件。因此，少数民族地区农村教师要勤于思考，挖掘并开发出有利的教育资源加以利用，从而促进少数民族地区的农村教育稳步发展。

参考文献

[1] 顾明远. 提高教师素质 提高教育质量 [J]. 北京教育. 1997 (6): 1.

[2] 薛海平. 西部农村初中教师素质与教育质量关系的实证研究 [J]. 教师教育研究. 2008, 20 (4): 55-60.

[3] 叶澜. 新世纪教师专业素养初探 [J]. 教育研究与实验, 1998 (1): 41-46, 72.

[4] 布尔迪厄. 文化资本与社会炼金术: 布尔迪厄访谈录 [M]. 包亚明, 译. 上海: 上海人民出版社, 1997: 192-193.

[5] 郭何生. 农业大词典 [M]. 北京: 中国农业出版社, 1998.

[6] 高耀明. 命题的分析, 笔谈: 高等教育通向农村 [J]. 有色金属高教研究, 1999 (3): 3-14.

[7] 阮爱民. WTO 对农村教育的影响及回应策略 [J]. 高等农业教育, 2001 (10): 11-14.

[8] 刘晓龙, 葛琴, 姜玲玲, 等. 基于农村能源革命的生态文明建设典型范式和实施路径研究 [J]. 中国工程科学, 2019, 21 (5): 106-112.

[9] 李天凤, 罗华玲. 云南农村中小学教师职后专业发展研究 [M]. 昆明: 云南大学出版社, 2010.

[10] 李天凤, 罗华玲. 云南农村中小学教师职后专业发展研究 [M]. 昆明: 云南大学出版社, 2010.

[11] 胡森, 波斯尔思韦特. 国际教育百科全书 [M]. 贵阳: 贵州教育出版社, 1990: 660.

[12] 田岛重雄. 战后农村教育的发展及其贡献 [C]. 国际农村教育研讨会, 1991 (6): 5.

[13] 陈敬朴. 农村教育概念的探讨 [J]. 教育理论与实践, 1999 (11): 39-43, 57.

[14] 曲中林. 城乡教师扁平化管理策略 [J]. 教育理论与实践, 2014, 34

(32)：26-28.

[15] 朱宾源. 我国中部地区农村中小学教师流失问题研究：以河南省光山县为例 [D]. 重庆：西南大学，2019.

[16] 孟万金. 教师专业素质及其立体架构 [J]. 高等教育研究，2004(11)：57-62.

[17] 王卓，杨建云. 教师专业素质内涵诠释 [J]. 教育科学，2004 (5)：51-53.

[18] 李建辉，王晶晶. 教师专业素质结构新探 [J]. 当代教师教育，2010(1)：11-14.

[19] 孙杰. 论文化资本对农村义务教育均衡发展的影响 [J]. 山西大学学报（ 哲学社会科学版)，2011，34 (5)：107-110.

[20] 朱贺萌. 中学体育教师文化资本审视 [D]. 长沙：湖南师范大学，2014.

[21] 陈磊. 当前我国城乡小学教师文化资本差异问题研究：基于辽宁省城乡两所小学个案分析 [D]. 长春：东北师范大学，2010.

[22] 张博. 高师物理师范类课程设置的研究：基于《中学教师专业标准的视角》[D]. 开封：河南大学，2014.

[23] 李永. 曲阜市中学生物教师专业发展水平的调查研究 [D]. 曲阜：曲阜师范大学，2015.

[24] 钟纬. 关于提高学前教育专业英语综合素质的研究 [J]. 中国校外教育，2015 (1)：109.

[25] 杨纳名. 整体提升师范生教师专业能力研究：以西北师范大学为例 [D]. 兰州：西北师范大学，2016.

[26] 戚微琪. 基于核心素养提升，小学数字化语文助力课堂的实践探索 [J]. 语文世界（教师之窗)，2018 (11)：29-30.

[27] 陈磊. 当前我国城乡小学教师文化资本差异问题研究：基于辽宁省城乡两所小学个案分析 [D]. 长春：东北师范大学，2010.

[28] 孙杰. 论文化资本对农村义务教育均衡发展的影响 [J]. 山西大学学报（ 哲学社会科学版)，2011，34 (5)：107-110.

[29] 林静. 县域高中阶段学生教育选择的调查研究：基于布尔迪厄的文化资本理论 [D]. 西安：陕西师范大学，2018.

[30] 映铎读书会. 解读布尔迪厄的文化资本理论 [EB/OL]. (2007-4-17) [2019-11-15]. http：//yingduo2006. blog. sohu. com/42350653. html.

[31] 连榕. 教师专业发展 [M]. 北京：高等教育出版社，2007：7.

[32] 叶澜. 教师角色与教师发展新探 [M]. 北京：教育科学出版社，2001：308.

[33] 程智. 教师专业发展与现代教育技术 [M]. 广州：暨南大学出版社，2007：4.

[34] 布尔迪厄. 文化资本与社会炼金术：布尔迪厄访谈录 [M]. 包亚明，译. 上海：上海人民出版社，1997：192-193.

[35] 李金奇. 资本与地位：农村教师社会地位的社会学考察 [M]. 北京：中央编译出版社，2012：61.

[36] 朱伟珏. "资本"的一种非经济学解读：布尔迪厄"文化资本"概念 [J]. 中国社会科学，2005 (6)：117-123.

[37] 韩巧霞. 大学生思想政治教育接受问题研究：基于文化资本分析方法视角 [M]. 北京：知识产权出版社. 2018：9.

[38] 沈再新. 文化资本视角下散杂居区新农村建设的路径选择 [J]. 湖北社会科学，2012 (2)：63-65，69.

[39] 周守军. 学者的文化资本：以国家重点学科为例 [M]. 北京：当代中国出版社，2011.

[40] 韩巧霞. 大学生思想政治教育接受问题研究：基于文化资本分析方法视角 [M]. 北京：知识产权出版社. 2018：39.

[41] 陈国民. 学校文化资本的定义、概念框架与研究边界 [J]. 上海教育科研，2010 (8)：27-30.

[42] 仇立平，肖日葵. 文化资本与社会地位获得：基于上海市的实证研究 [J]. 中国社会科学，2011 (6)：121-135.

[43] 王岳川. 布尔迪厄的文化理论透视 [J]. 教学与研究，2018 (2)：39-44.

[44] 任勇. 国家治理视野中的核心价值：基于文化资本的考察 [J]. 社会科学，2010 (3)：9-15，187.

[45] 包亚明. 文化资本与社会炼金术：布尔迪厄访谈录 [M]. 上海：上海人民出版社，1997：192-193.

[46] 映铎读书会. 解读布尔迪厄的文化资本理论 [EB/OL]. (2007-4-17) [2019-11-15]. http：//yingduo2006. blog. sohu. com/42350653. html.

[47] ~ [50] 许德金. 作为国家软实力的文化：国家文化资本论（上）[J]. 江淮论坛，2013 (5)：125-129.

［51］叶澜. 新世纪教师专业素养初探［J］. 教育研究与实验，1998（1）：41-46，72.

［52］瞿宝奎. 教育学文集［G］. 北京：人民教育出版社，2001：346-356.

［53］郭彩琴. 挑战与选择：跨世纪教师素质结构的重组［J］. 江海学刊，1998（6）：56-61.

［54］林崇德，等. 教师素质的构成及其培养［J］. 中国教育学刊，1996（6）：16-22.

［55］林崇德，申继亮，辛涛. 教师素质的构成及其培养途径［J］. 中国教育学刊，1996（6）：16-22.

［56］教育部师范司. 教师专业化的理论与实践［M］. 北京：人民教育出版社，2003：34-37.

［57］杨小微，李政涛，李家成. 教育学基础［M］. 上海：华东师范大学出版社，2010：295-308.

［58］邵宗杰，卢真金. 教育学（第 5 版）［M］. 上海：华东师范大学出版社，2010：202-204.

［59］林永惠，路玉才. 教育学［M］. 天津：南开大学出版社，2013：157-163.

［60］李森，陈晓端. 现代教育学基础［M］. 上海：华东师范大学出版社，2009：138-141.

［61］余文森. 新课程背景下的公共教育学教程［M］. 北京：高等教育出版社，2009：119-136.

［62］柳海民. 教育学原理［M］. 北京：高等教育出版社，2011：300-306.

［63］林崇德，申继亮，辛涛. 教师素质的构成及其培养途径［J］. 中国教育学刊，1996（6）：16-22.

［64］谢延龙. 制度变革：提高农村教师素质的根本出路［J］. 教育导刊，2009（11）：20-23.

［65］谢延龙，程雷. 走出幻象：提升农村教师素质的战略选择与出路［J］. 阅江学刊，2010（4）：73-77.

［66］梁东奇. 农村教师队伍现状、原因与改善对策研究［D］. 长春：东北师范大学，2004.

［67］廖龙龙，文家凤，刘家安，等. 农村教师专业发展存在的问题及对

策研究［J］. 教育探索，2005（11）：95-97.

［68］亢锦. 农村中小学教师素质问题研究［D］. 武汉：华中师范大学，2006.

［69］杨丹丹. 黑龙江省农村小学师资问题与对策个案研究［D］. 长春：东北师范大学，2007.

［70］冉文园. 河北省蠡县农村初中教师队伍现状的调查与思考［D］. 石家庄：河北师范大学，2008.

［71］武秀珍. 赤峰市松山区农村中小学教师队伍现状的研究［D］. 呼和浩特：内蒙古师范大学，2007.

［72］周昆. 我国村小教师队伍现存问题与对策研究：以四川省富顺县为例［D］. 重庆：西南大学，2008.

［73］林溪. 吉林省农村义务教育阶段教师队伍建设问题研究：以对吉林省地区四县抽样调查为例［D］. 长春：东北师范大学，2008.

［74］王慧. 农村中小学教师素质的现状、问题及对策研究：以积石山县为个案［D］. 兰州：西北师范大学，2008（6）.

［75］杨世碧，吴维山. 农村小学语文教师队伍现状调查及应对策略：以重庆市部分区县农村小学语文教师为样本［J］. 课程教·教材·教法，2009（9）：77-81.

［76］党志平. 农村薄弱学校教师队伍整体素质提升研究［J］. 教学与管理，2016（1）：59-62.

［77］张道祥. 当前农村教师队伍存在的问题与建议［J］. 教育探索，2008（9）：12.

［78］胡霞. 农村中小学校教师流失的问题、归因及重构：基于教育生态学视角分析［J］. 西南大学学报，2013（5）：23.

［79］刘艳. 教师队伍建设政策创新研究：国际比较的视角［J］. 西北师大学报，2017（8）：15.

［80］刘阳. 史密斯模型视角下乡村教师支持政策执行问题研究：以山东省 T 市为例［D］. 大连：辽宁师范大学，2019.

［81］陈锋. 文化资本导论［D］. 北京：中共中央党校，2005.

［82］李金奇. 资本与地位：农村教师社会地位的社会学考察［M］. 北京：中央编译出版社，2012：70-71.

［83］林雪仪. 论中小学教师社会资本及其构建［J］. 教学与管理，2007（10）：7.

［84］余秀兰. 文化再生产：我国教育的城乡差距探析［J］. 华东师范大学学报（教育科学版），2006（2）18-26，33.

［85］周海玲. 论流动儿童教育公平化的策略：文化资本的视角［J］. 教育理论与实践. 2008（9）：23-26.

［86］孙杰. 论文化资本对农村义务教育均衡发展的影响：布迪厄文化资本理论的启示［J］. 山西大学学报（哲学社会科学版）. 2011（5）：107-110.

［87］吴明隆问卷统计分析实务：SPSS 操作与应用［M］. 重庆：重庆大学出版社，2009：244

［88］吴明隆问卷统计分析实务：SPSS 操作与应用［M］. 重庆：重庆大学出版社，2009：195

［89］吴明隆问卷统计分析实务：SPSS 操作与应用［M］. 重庆：重庆大学出版社，2009：208

［90］杨令平，司晓宏. 西部县域义务教育均衡发展现状调研报告［J］. 教育研究，2012（4）：35-42.

［91］唐松林，向芳彬. 城乡教师发展不均衡的资本差异分析［J］. 浙江师范大学学报（社会科学版），2015，40（5）：114-120.

［92］陈向明，王志明. 来自全国 11 个省市的 9495 份问卷调查显示：城乡教师受训机会有明显差别［N］. 中国教育报，2013-01-28（3）.

［93］刘铁芳. 乡土的逃离与回归：乡村教育的人文重建［M］. 福州：福建教育出版社，2008：18.

［94］顾明远，檀传宝. 2004：中国教育发展报告［M］. 北京：北京师范大学出版社，2004：39.

［95］~［96］唐松林，向芳彬. 城乡教师发展不均衡的资本差异分析［J］. 浙江师范大学学报（社会科学版），2015，40（5）：114-120.

［97］曲中林. 城乡教师扁平化管理策略［J］. 教育理论与实践，2014，34（32）：26-28.

［98］张鹏. 辽宁省农村中小学教师普通话使用现状及对策研［J］. 辽宁农业职业技术学院学报，2019，21（4），62-64.

［99］张鹏. 辽宁省农村中小学教师普通话使用现状及对策研［J］. 辽宁农业职业技术学院学报，2019，21（4），62-64.

［100］付强. 少数民族地区中小学教师使用普通话教学研究［J］. 中国培训，2015（14）：120.

［101］徐锦芬，聂睿. 我国重点院校新生英语能力综合调查与分析：以

2014级新生为例［J］. 外语界，2016（1）：18-26.

［102］陈琳. 语言学习中的性别差异：表现、原因与思考［J］. 解放军外国语学院学报，2014（3）：36-43.

［103］石运章. 外语阅读焦虑性别差异与四级英语成绩的关系探讨［J］. 中国外语，2008（2）：46-49.

［104］张姬. 中小学教师荣誉制度现状调查与优化建议［D］. 南昌：江西师范大学，2014.

［105］王国明，毕妍. 中小学教师荣誉获得的现状与教师体验研究［J］. 当代教师教育，2018，（3）：25-32.

［106］吕月灵. 我国乡村教师荣誉制度的现状及优化研究［D］. 重庆：重庆师范大学，2018.

［107］张姬. 中小学教师荣誉制度现状调查与优化建议［D］. 南昌：江西师范大学，2014.

［108］杨士昌，何云龙，杨健. 试论提高农村中小学教师的教育科研水平［J］. 教育科学研究，2002（5）：56-59.

［109］薛华挺. 小学教师教育科研素质的现状与提升策略研究：以东莞市城区小学为例［D］. 成都：四川师范大学，2013.

［110］郑新蓉，杜芳琴. 社会性别与妇女发展［M］. 西安：陕西人民教育出版社，1999：13.

［111］王巧玲. 农村小学女教师教育科研状况的研究：社会性别的视角［D］. 金华：浙江师范大学，2014.

［112］熊才平，吴瑞华. 基础教育信息化城乡均衡发展：问题与对策：浙江省台州市的实证研究［J］. 教育研究，2006（3）：50-53.

［113］李强. 社会分层十讲［M］. 北京：社会科学文献出版社. 2008：4.

［114］欧群慧. 北京市小学教师教育科学研究的态度及现状［J］. 教育科学研究，2003（4）：17-20.

［115］欧群慧. 北京市小学教师教育科学研究的态度及现状［J］. 教育科学研究，2003（4）：17-20.

［116］李玲. 我国中小学教师继续教育发展的问题及改革思路［J］. 广东技术师范学院学报，2018（1）：67-72.

［117］楼世洲. 中小学教师继续教育的现状分析与改革思路［J］. 陕西师范大学继续教育学报，2001（4）：14-17.

［118］湖南省妇联. 湖南省统计局第三期中国妇女社会地位抽样调查：湖

南省主要数据报告［EB/OL］.（2013-10-28）［2019-11-20］. https：//www. hntj. cn/jjjc/lgjic/analyyse/201203/t20190326_ 91972. htm.

［119］王巧玲. 农村小学女教师教育科研状况的研究：社会性别的视角［D］. 金华：浙江师范大学，2014.

［120］王巧玲. 农村小学女教师教育科研状况的研究：社会性别的视角［D］. 金华：浙江师范大学，2014.

［121］杨凤. 当代中国女性发展研究［M］. 北京：人民出版社，2007：228.

［122］王枬，刘璐. 城镇化背景下女教师的生存境遇与专业发展：基于华南地区一名女教师的叙事研究［J］. 教师发展研究，2019（4）：108-117.

［123］刘耀明. 我国城乡基础教育发展方式差异的结构性分析［J］. 中国教育学刊，2014（5）：37-40.

［124］傅树京，卢新迪. 中小学教师学历层次提高的政策演变［J］. 中小学教师培训，2016（4）：1-4.

［125］贝克尔. 人力资本：特别是关于教育的理论与经验分析［M］. 梁小民，译. 北京：北京大学出版社，1987：92.

［126］傅树京，卢新迪. 中小学教师学历层次提高的政策演变［J］. 中小学教师培训，2016（4）：1-4.

［127］张娜，马志颖. 村振兴背景下乡村教师专业发展路径探析［J］. 现代教育科学，2019（5）：104-109.

［128］傅树京，卢新迪. 中小学教师学历层次提高的政策演变［J］. 中小学教师培训，2016（4）：1-4.

［129］冯帮，万梦莹. 中小学教师对新职称意见认同度的调查与分析［J］. 教育与教学研究，2018，32（7）：48-55.

［130］朱忠明，张旭. 中小学教师职称制度存在的问题及其改进：基于11县2888名乡村教师的调查［J］. 当代教师教育，2016，9（3）：82-87.

［131］许志远. 中小学教师学历背景与职业发展的关系研究［D］. 开封：河南大学，2019.

［132］胡伟. 城乡义务教育物力资源配置使用问题研究［J］. 教育理论与实践，2014，34（20）：13-15.

［133］戴竹君. 如何提高农村中小学教师普通话水平［J］. 中国成人教育，2007（8）：114-115.

［134］付强. 少数民族地区中小学教师使用普通话教学研究［J］. 中国培

训，2015（14）：120.

[135] 徐艳. 提高农村教师普通话水平的思考 [J]. 当代教育科学，2004（17）：55.

[136] 李亚妮. 普通话教学在农村教师中的实施现状分析与思考 [C]. 北京中外软信息技术研究院会议论文集，2016（5）：287.

[137] 张鹏. 辽宁省农村中小学教师普通话使用现状及对策研究 [J]. 辽宁农业职业技术学院学报，2019，21（4）：62-64.

[138] 曹冬. 农村中小学教师普通话水平现状分析及对策 [J]. 当代教育论坛，2016（12）：101-102.

[139] 吕月灵. 我国乡村教师荣誉制度的现状及优化研究 [D]. 重庆：重庆师范大学，2018.

[140] 周洪宇. 国家教师荣誉制度亟待完善 [N]. 中国教育报，2012-09-07（5）.

[141] 王辉，程建专. 教师成长的五级专业荣誉体系 [N]. 中国教育报，2018-12-12（15）.

[142] 李杨. 中小学教师自主发展测评研究：以江西省为例 [D]. 南昌：江西师范大学，2017.

[143] 刘毅斌. 中职学校教师专业素质能力提升的路径探索 [J]. 教师，2019（32）：98-99.

[144] 欧群慧. 北京市小学教师教育科学研究的态度及现状 [J]. 教育科学研究，2003（4）：17-20.

[145] 薛华挺. 小学教师教育科研素质的现状与提升策略研究：以东莞市城区小学为例 [D]. 成都：四川师范大学，2013.

[146] 耿丹青. 深化中小学教师职称制度改革提升基础教育教师科研能力：以广东省为例 [J]. 课程教学研究，2017（8）：22-27.

[147] 欧群慧. 北京市小学教师教育科学研究的态度及现状 [J]. 教育科学研究，2003（4）：17-20.

[148] 曹昭平，柯婷，刘进. 关于教师职业发展规划的几点思考 [J]. 职业，2019（29）：52-53.

[149] 张芸芸，齐运瑞. 关于青年教师职业发展规划的思考 [J]. 科技资讯，2011（17）：230.

[150] 罗琼. 农村小学教师职业幸福感现状调查研究：以湖南省隆回县为例 [D]. 长沙：湖南师范大学，2016.

[151] 芈隽. 信息化背景下的高职院校学生竞赛管理 [J]. 西部素质教育，2019，5 (23)：200-201.

[152] 杨林. 技能竞赛对职业教育科学发展的影响与思考 [J]. 文化创新比较研究，2017 (18)：120-121.

[153] 刘毅斌. 中职学校教师专业素质能力提升的路径探索 [J]. 教师，2019 (32)：98-99.

[154] 万超. 依托科技竞赛培养大学生创新实践能力 [J]. 西部素质教育，2018 (9)：142-143.

[155] 周建平. 对“校本培训”的认识与思考 [J]. 中小学教师培训，2009 (10)：15-18.

[156] 何永军. 农村小学教师专业发展的问题与对策 [J]. 西部素质教育，2017，3 (7)：270.

[157] 徐永斌，宋宇. 提高农村中学教师素质的几点做法 [J]. 黑河教育，2004 (4)：10.

[158] 张科. 农村小学教师校本培训问题与对策研究：以 G 县 G 小学为个案 [D]. 长春：东北师范大学，2013.

[159] 谢余清. 浙江省“农村中小学教师素质提升工程”实效性调查研究 [J]. 教师教育研究，2008 (3)：60-65.

[160] 谢余清. 浙江省“农村中小学教师素质提升工程”实效性调查研究 [J]. 教师教育研究，2008 (3)：60-65.

[161] 张鸥. 论教师专业成长的五大策略 [J]. 教育科学论坛，2019 (26)：49-51.

[162] 胡蓉. 浅析师德修炼与教师专业成长 [J]. 师道 · 教研，2019 (12)：15-16.

[163] 张亚芹. 小学教师专业发展的策略探究 [J]. 中国校外教育，2019 (8)：41，44.

[164] 刘毅斌. 中职学校教师专业素质能力提升的路径探索 [J]. 教师，2019 (32)：98-99.

[165] 陈松华. 农村中学教师专业化发展的瓶颈及其突破策略 [J]. 中国教师，2014 (24)：78-80.

[166] 张敏. 教学反思教师专业发展的最佳路径 [J]. 教育现代化，2019 (87)：148-150.

[167] 胡蓉. 浅析师德修炼与教师专业成长 [J]. 师道 · 教研，2019

(12)：15-16.

[168] 李磊. 中学政治教师专业素质调查研究 [D]. 上海：上海师范大学，2012.

[169] 张立昌. 试论教师的反思及其策略 [J]. 教育研究，2001（12）：17-21.

[170] 张敏. 教学反思教师专业发展的最佳路径 [J]. 教育现代化，2019（87）：148-150.

[171] 穆肃，周腾，温慧群. 中小学教师终身学习能力现状的分析：精准发展的渴求 [J]. 终身教育研究，2017，28（5）：38-44.

[172] 李尚卫，周天梅. 农村教师专业发展：特质、标准、途径 [J]. 教育探索，2010（1）：105-106.

[173] 于桂霞，董克峰. 农村中学教师教学发展：问题与对策 [J]. 通化师范学院学报，2017（1）：131-135.

[174] 刘丽群. 论课程改革中的教师角色期待 [J]. 全球教育教育展望，2003（1）：56-60.

[175] 陈培瑞. 时代呼唤教师进行新的角色定位 [J]. 教育发展研究，2002（10）：61-64.

[176] 王春林，任丙慧. 网络时代教师角色的转换 [N]. 中国教育报，2007-8-16（6）.

[177] 张静波. 核心素养视域下的教师角色定位研究 [D]. 银川：宁夏大学，2018.

[178] 罗功楚. 新课程改革下中小学教师角色的转换与行为重塑 [J]. 课程教育研究，2016（24）：210.

[179] 李政森. 重塑教师：努力成为反思性实践家：新课程理念下中小学教师角色之思 [J]. 中国教师，2018（4）：98-100.

[180] 苟利锋. 农村中学教师专业发展的困境与自主发展策略 [J]. 中国农村教育，2019（3）：65.

[181] 徐永斌，宋宇. 提高农村中学教师素质的几点做法 [J]. 黑河教育，2004（4）：10.

[182] 经柏龙. 教师专业素质的形成与发展研究 [D]. 长春：东北师范大学，2008.

[183] 刘毅斌. 中职学校教师专业素质能力提升的路径探索 [J]. 教师，2019（32）：98-99.

[184] 李尚卫，周天梅. 农村教师专业发展：特质、标准、途径 [J]. 教育探索，2010 (1)：105-106.

[185] 龙飞，尤甜. 农村教师专业发展现状及对策研究 [J]. 中小学教师培训，2010 (10)：23-25.

[186] 李竹林. 促进教师素质提升的六条途径 [J]. 北京教育（普教版），2019 (10)：74.

[187] 况文娟. 农村小学教师专业成长路径的困境与选择：以高安市农村小学教师为例 [D]. 镇江：江苏大学，2018.

[188] 华敏. 美国终身学习的实施策略及对我国的启示 [J]. 河北大学成人教育学院学报，2008 10 (1)：57-58.

[189] 陈松华. 农村中学教师专业化发展的瓶颈及其突破策略 [J]. 中国教师，2014 (24)：78-80.

[190] 兰小军. 浅谈农村小学教师专业化发展模式 [J]. 基础教育论坛，2018 (48)：13.

[191] 何永军. 农村小学教师专业发展的问题与对策 [J]. 西部素质教育，2017 3 (7)：270.

[192] 章雷飞. 农村教师专业发展面临的困境与对策 [J]. 中国教师，2018 (12)：79-81.

附录

附录1 文化资本视角下少数民族地区农村教师素质调查问卷

亲爱的老师：您好！

这是一份用于教育研究的调查，不署名、不对外，不作为学校对您评价的依据；答案无对错之分，符合自己的实际情况或感受即可，无须顾虑；回答时不必过多思考，也请不要参考他人的回答。您的真实想法和实际情况将为我们的研究提供很大的帮助，感谢您的热心帮助与合作！

作答说明：本问卷共分为两个部分，请您根据自己的实际情况，在相关选项上打“√”或在横线上填写信息。

一、基本信息

1. 您的性别：

（1）男；（2）女

2. 您所在的学校：

（1）乡镇（中心）学校；（2）村校（教学点）

3. 您任教的阶段：

（1）高中；（2）初中；（3）小学

4. 您的教龄：

（1）1~5年；（2）6~10年；（3）11~15年；（4）16~20年；（5）21~25年；（6）26~30年；（7）31年及以上

5. 您的年龄：

（1）20岁及以下（2）21~30岁（3）31~40岁（4）41~50岁；（5）51岁及以上

6. 您所学专业与任教课程是否一致：

（1）是；（2）否

7. 您所教学科：

（1）语文；（2）数学；（3）外语；（4）历史；（5）政治；（6）地理；（7）化学；（8）物理；（9）生物；（10）音乐；（11）美术；（12）体育；（13）信息技术；（14）科学；（15）道德与法治；（16）心理健康教育；（17）综合实践；（18）地方课程和学校课程

8. 您的最高学历证书是：

（1）中专毕业证；（2）大专毕业证；（3）本科毕业证；（4）研究生毕业证；（5）无

9. 您的最高学位证书：

（1）学士学位证书；（2）硕士学位证书；（3）博士学位证书；（4）无

10. 您的最高层次的教师资格证书：

（1）幼儿园教师资格证；（2）小学教师资格证；（3）初级中学教师资格证；（4）高级中学教师资格证；（5）中等职业教师资格证；（6）高等学校教师资格证；（7）成人/大学教育教师资格证；（8）无

11. 您的普通话证书等级：

（1）一级甲等；（2）一级乙等；（3）二级甲等；（4）二级乙等；（5）三级甲等；（6）三级乙等；（7）无

12. 您的计算机等级证书：

（1）国家一级；（2）国家二级；（3）国家三级；（4）国家四级；（5）无；（6）其他__________

13. 您所拥有的英语等级证书：

（1）大学英语四级；（2）大学英语六级；（3）专业英语四级；（4）专业英语八级；（5）职称外语 A 级；（6）职称外语 B 级；（7）无；（8）其他__________

14. 您的职称证书级别：

（1）正高级；（2）高级；（3）一级；（4）二级；（5）三级；（6）无

15. 您获得的荣誉称号：

（1）特级教师；（2）州（市）级名师；（3）州（市）级学科带头人；（4）州（市）级骨干教师；（5）县级骨干教师；（6）县教育教学标兵、能手；（7）无；（8）其他__________

16. 您在教育教学方面的获奖证书数量：

（1）1~3 张；（2）4~6 张；（3）7~9 张；（4）10 张以上；（5）无

17. 您在教育教学中获得最高级别的奖项：

（1）国家级；（2）省级；（3）州（市）级；（4）县级；（5）校级；（6）无

18. 您在教育教学中获奖最多的级别：

（1）国家级；（2）省级；（3）州（市）级；（4）县级；（5）校级；（6）无

19. 您公开发表的论文数量：

（1）1~2 篇；（2）3~4 篇；（3）5~6 篇；（4）7~9 篇；（5）10 篇以上；（6）无

20. 您的论文获奖证书数量：

（1）1 篇；（2）2 篇；（3）3 篇；（4）4~5 篇；（5）6 篇以上；（6）无

21. 您的课题结题证书数量：

（1）1 张；（2）2 张；（3）3 张；（4）4~5 张；（5）6 张以上；（6）无

22. 您主持或参与的最高级别的课题：

（1）国家级；（2）省部级；（3）地厅级；（4）校级；（5）无

23. 您最常主持或参与的课题级别：

（1）国家级；（2）省部级；（3）地厅级；（4）校级；（5）无

24. 您主编、参编的教材及出版的专著数量：

（1）1 本；（2）2 本；（3）3 本；（4）4~5 本；（5）6 本以上；（6）无

25. 您的各类继续教育（培训）的合格证书数量：

（1）1~2 张；（2）3~4 张；（3）5~6 张；（4）7~9 张；（5）10 张以上；（6）无

26. 您辅导学生参加比赛获奖的证书数量：

（1）1~2 张；（2）3~4 张；（3）5~6 张；（4）7~9 张；（5）10 张以上；（6）无

二、问卷调查

表 9-1 调查问卷

下面是对教师专业素质的描述，请您根据这些描述与自己实际情况或感受的符合程度，在“完全不赞同、不太赞同、不确定、比较赞同、完全赞同”五个选项中选择一个，并打“√”。	完全不赞同	不太赞同	不确定	比较赞同	完全赞同
1. 我热爱教育事业，这是我的人生理想	①	②	③	④	⑤
2. 我认为教师这个职业具有专业性和独特性，需要不断学习才能胜任	①	②	③	④	⑤
3. 我很注意自己的言行举止	①	②	③	④	⑤
4. 我不愿意与同事交流教学心得和经验，也不愿参加培训活动	①	②	③	④	⑤
5. 遇到突发事件，我会把学生的生命安全放在第一位	①	②	③	④	⑤
6. 我认为学生与教师在人格上是平等的，所以我会尊重每一位学生	①	②	③	④	⑤
7. 我对待优生和差生的态度不一样	①	②	③	④	⑤
8. 我从来没有讽刺、挖苦或体罚过学生	①	②	③	④	⑤
9. 我不喜欢班上成绩差的那部分学生	①	②	③	④	⑤
10. 我会主动了解学生的合理需求并尽力满足	①	②	③	④	⑤
11. 我认为教育就是培养成绩优秀的学生	①	②	③	④	⑤
12. 我对学生的身心发展规律了解透彻，能做到因材施教	①	②	③	④	⑤
13. 与学习成绩和能力相比，我觉得培养学生的品德更重要	①	②	③	④	⑤
14. 我认为没有教不好的学生，只有不会教的老师	①	②	③	④	⑤
15. 我注重培养学生的自主学习习惯和适应社会的能力	①	②	③	④	⑤
16. 我富有爱心和责任心，细心而且耐心	①	②	③	④	⑤
17. 我乐观向上、热情开朗、有亲和力	①	②	③	④	⑤
18. 我善于自我调节情绪，保持平和心态	①	②	③	④	⑤
19. 我勤于学习，不断进取	①	②	③	④	⑤
20. 我衣着整洁得体，语言规范健康，举止文明礼貌	①	②	③	④	⑤
21. 我很好地掌握了班级、共青团、少先队建设与管理的原则与方法	①	②	③	④	⑤
22. 我很好地掌握了教育心理学的基本原理和方法并将其运用到教育教学活动中	①	②	③	④	⑤

表9-1(续)

下面是对教师专业素质的描述，请您根据这些描述与自己实际情况或感受的符合程度，在“完全不赞同、不太赞同、不确定、比较赞同、完全赞同”五个选项中选择一个，并打“√”。	完全不赞同	不太赞同	不确定	比较赞同	完全赞同
23. 我了解各个年龄段学生群体的文化特点与行为方式	①	②	③	④	⑤
24. 我了解学生思维能力、创新能力和实践能力发展的过程与特点	①	②	③	④	⑤
25. 我理解所教学科的知识体系、基本思想与方法	①	②	③	④	⑤
26. 我掌握所教学科内容的基本知识、基本原理与技能	①	②	③	④	⑤
27. 我不太了解所教学科与其他学科的联系	①	②	③	④	⑤
28. 我掌握所教学科的课程标准	①	②	③	④	⑤
29. 我掌握所教学科课程资源开发与校本课程开发的主要方法与策略	①	②	③	④	⑤
30. 我了解学生在学习具体学科内容时的认知特点	①	②	③	④	⑤
31. 我掌握了所教学科的教学方法及研究方法	①	②	③	④	⑤
32. 我的自然科学知识与人文社会科学知识很丰富	①	②	③	④	⑤
33. 我了解中国教育的基本情况	①	②	③	④	⑤
34. 我的艺术欣赏与表现的知识丰富	①	②	③	④	⑤
35. 我的现代化信息技术知识能帮助我提升教学	①	②	③	④	⑤
36. 我能科学地设计教学目标和教学计划	①	②	③	④	⑤
37. 我能合理地利用教学资源和方法设计教学过程	①	②	③	④	⑤
38. 我常引导和帮助学生设计个性化的学习计划	①	②	③	④	⑤
39. 我注重营造良好的学习环境与氛围，激发学生的学习兴趣	①	②	③	④	⑤
40. 我能将启发式、探究式、讨论式、参与式等多种教学方式以及现代教育技术手段灵活地运用在教学中	①	②	③	④	⑤
41. 我能较好地处理课堂偶发事件	①	②	③	④	⑤
42. 我注重学生独立思考和主动探究，发展学生的创新能力	①	②	③	④	⑤
43. 我能较好地使用口头语言、肢体语言与书面语言，使用普通话教学，规范书写钢笔字、粉笔字、毛笔字	①	②	③	④	⑤
44. 我能与学生建立良好的师生关系，并帮助学生建立良好的同伴关系	①	②	③	④	⑤
45. 学生品德的形成与学科教学无关	①	②	③	④	⑤
46. 我不在意学生的日常表现，只在乎学生的最终学习成果	①	②	③	④	⑤
47. 我能灵活地使用多元评价方式，给学生恰当的评价和指导	①	②	③	④	⑤

表9-1（续）

下面是对教师专业素质的描述，请您根据这些描述与自己实际情况或感受的符合程度，在“完全不赞同、不太赞同、不确定、比较赞同、完全赞同”五个选项中选择一个，并打“√”。	完全不赞同	不太赞同	不确定	比较赞同	完全赞同
48. 我常对我的教育教学效果进行自我评价，并及时调整和改进教育教学工作	①	②	③	④	⑤
49. 与学生进行沟通交流，我始终保持权威	①	②	③	④	⑤
50. 我常与家长进行沟通合作，共同促进学生发展	①	②	③	④	⑤
51. 我喜欢与同事合作交流，分享经验和资源，共同发展	①	②	③	④	⑤
52. 我经常与学生交流，注重教学反馈，并在课后进行教学反思，不断改进教学	①	②	③	④	⑤
53. 教育教学工作中的现实需要与问题，我都会进行探索和研究	①	②	③	④	⑤
54. 我对自己今后的职业发展有明确的规划	①	②	③	④	⑤
55. 我会积极地争取参加各类专业培训，不断提高自身专业素质	①	②	③	④	⑤
56. 学校有图书馆（或图书室），其藏书量比较丰富	①	②	③	④	⑤
57. 我常常充分利用学校所提供的图书或教学资料	①	②	③	④	⑤
58. 学校有良好的网络及教学设备	①	②	③	④	⑤
59. 我拥有大量与教学相关的书籍	①	②	③	④	⑤
60. 我常充分利用电脑和手机等工具辅助教学	①	②	③	④	⑤
61. 我的同事与领导博学多才，能向他们学习到很多知识	①	②	③	④	⑤
62. 我的学生及其家长有许多优点，能向他们学习到很多东西	①	②	③	④	⑤
63. 学校外的周边环境，为我的教育教学提供了丰富的资源和帮助	①	②	③	④	⑤

问卷结束前，请您再仔细查看是否有漏选。

再次感谢您的参与，祝您生活愉快！

附录2　文化资本视角下少数民族地区农村教师素质访谈提纲

时　　间__________

地　　点__________

访谈对象__________

访谈内容__________

记 录 人__________

1. 您为什么会选择教师这个职业?

2. 谈谈您身边的同事对待教育的态度。您对待教育的态度和他们有何不同?为什么?

3. 您如何评价自己的专业知识?

4. 您对自己现有的职称和学历满意吗?为什么?有何打算?

5. 您认为自己的教育教学能力怎么样?为什么?

6. 您认为教师可以利用身边的哪些资源,您是如何利用这方面资源的?

7. 您觉得应该以何种方式丰富身边的教育资源?

8. 您认为教师的素质包括哪些?就您刚提到的这些教师素质,您觉得自己的怎么样?为什么?

9. 您觉得该如何提升您刚才提到的那些教师素质?